DISCOVERY

世界军事大揭秘

李梁中◎编著

吉林出版集团股份有限公司・全国百佳图书出版单位

图书在版编目 (CIP) 数据

世界军事大揭秘 / 李梁中编著 . -- 长春：吉林出版集团股份有限公司，2013.12（2021.12 重印）

（奥妙科普系列丛书）

ISBN 978-7-5534-3922-8

Ⅰ . ①世… Ⅱ . ①李… Ⅲ . ①军事史－世界－青年读物②军事史－世界－少年读物 Ⅳ . ① E19-49

中国版本图书馆 CIP 数据核字 (2013) 第 317278 号

SHIJIE JUNSHI DA JIEMI

世界军事大揭秘

编　　著：李梁中
责任编辑：孙　婷
封面设计：晴晨工作室
版式设计：晴晨工作室
出　　版：吉林出版集团股份有限公司
发　　行：吉林出版集团青少年书刊发行有限公司
地　　址：长春市福祉大路 5788 号
邮政编码：130021
电　　话：0431-81629800
印　　刷：永清县晔盛亚胶印有限公司
版　　次：2014 年 3 月第 1 版
印　　次：2021 年 12 月第 5 次印刷
开　　本：710mm × 1000mm　　1/16
印　　张：12
字　　数：176 千字
书　　号：ISBN 978-7-5534-3922-8
定　　价：45.00 元

从人类社会建立之初，部族与部族之间，甚至是部族内部就因为各种利益纠葛而进行了一次又一次的血腥争斗。随着人类文明和科技的进步，争斗的规模也越来越大，最后演变为血流成河的战争。

纵观人类历史，没有哪一个民族能逃脱战争的厄运，甚至一些新兴文明的崛起，无一不是借助军事的力量，仿佛人类的历史进程与军事冲突密不可分。千年征战，葬送了无数生命，毁坏了无数城市，数不尽的人类文明消失于铁蹄之下。在历次战争阴云中，总有一些不为人知的秘密等待人们去发现。

《世界军事大揭秘》精选了历史上一些具有代表性的战争秘闻，通过对史料的回放，来还原那段血与火的战争的真实面目。愿读者们以探索的态度，去从中发现奥秘，不断地积累知识，认知世界。

CONTENTS

目录

CONTENTS

目录

第六章 战争背后的趣闻

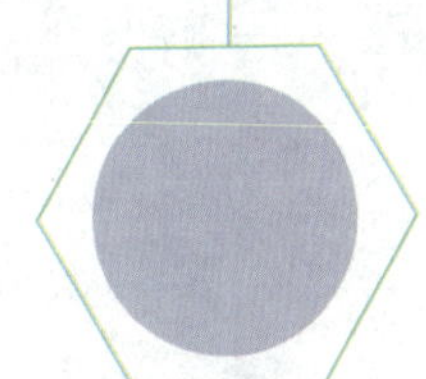

第一章

古代战场揭秘

纵观人类历史，人们总是在经历过惨痛的战争之后，才会珍惜和平。战争是政治的延续，战争是国家机器的相互较量，战争又是充满偶然性和不确定性的“游戏”。一个人或一件小事都能诱发一场战争，也能左右战争。战争是智慧的较量，在那些决定人类历史的战争中，我们能发现什么呢？

Part1 第一章

以少胜多的奇迹——金辽之战

这是一场决定金辽两国命运的战争，中国战争史上以少胜多的经典之战，2 万人对阵 70 万人的殊死决斗，难以置信的以少胜多的战争奇迹。

公元 1123 年 8 月，金国统帅完颜阿骨打指挥金国军队攻克辽国军事重镇黄龙镇。辽国感到了金国的威胁，辽国天祚皇帝亲率 70 万大军举全国之力讨伐，企图一举消灭金国政权。当时金军只有区区 2 万兵马，辽国军队的人数是金军的 35 倍。这是“蚂蚁”与“大象”的战争，似乎胜负毫无悬念，结果却出人意料。

在今吉林省农安县西一带，辽与金主力相遇，双方经过几天激烈战斗，金国军队在面对极其不利的情况下，抓住战机，把辽军打得一溃千里。辽军死者首尾相连百余里，创造了人类战争史上以弱胜强的奇迹。经过这一次战役，辽军主力丧失殆尽，无力与金国相抗。统治中国北方长达 200 多年的辽国从此一蹶不振，最终被金国所灭。

完颜阿骨打是怎样创造奇迹的呢？他是靠什么打败了比自己强大数十倍的

完颜阿骨打雕像

辽国呢？就算是70万辽军站在金军面前让金军砍，估计金军砍到手软也不一定能在几天之内把辽国的大军砍完。

知识小链接

完颜阿骨打是女真族第一个政权国家——金朝的缔造者。他英勇善战，知人善任，创立了女真文字。完颜阿骨打从一个小部落的首领发展成统一了女真的可汗，并建立金国，后灭辽统一了中国北方，56岁病逝。

金国刚立国不久，军队内部实行了被称之为“画灰而议”和“会议而议”的军事民主制。即每次有战事发生，部队军官们便不分官职高低，相围坐在一起，就着撒在沙地上的柴灰召开军事会议，每个人都可以说出自己的想法和各种策略，最后由最高指挥官选出最好的策略，之后他们便会在一起饮酒歌舞。因此，金军具有人和的优势，另外金军合理的军事编制，也是这场战役胜利的有力保障。金国政权刚建立时，仍用原来部族打猎时的组织，全军缺乏协调性，统一指挥能力弱。在战火的考验中，金国发现了自己军队的不足之处，金军从以骑兵为主的实战出发，逐步创建了“伍什进位”的实战编制，即“伍什百皆有长，伍长击柝，什长执旗，百长挟鼓，千人将则旗鼓悉备”。除此之外，金国军队制定了严格的作战奖罚制度。军事编制合理，赏罚制度明确，就把能骑善

金陵遗址

射的女真骑兵凝聚成一支战斗力强且机动灵活的战斗群体，创造了令人难以置信的战争奇迹。

金代双狮石枕

此次金辽之战，完颜阿骨打在面对强敌的时候没有退缩，迅速召开军事会议制订作战计划。在广泛听取了将领们的意见和看法后，最后采纳了大将军宗雄的意见，集中优势兵力，主动出击，出其不意突袭辽军中路主力，打他个措手不及。

阿骨打决心率领金军与辽军决一死战。一方是将帅一心，士兵勇往直

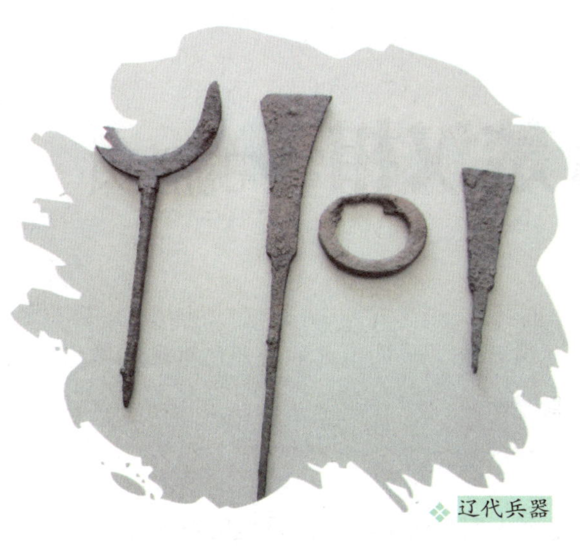

辽代兵器

前、舍生忘死，一方是占有兵力上的绝对优势。正在双方战斗进入关键的时候，辽军上层突然发生内讧。内部发生政变，天祚皇帝放弃了一举消灭金军的大好时机，率领部队回撤，其军心大乱，而完颜阿骨打敏锐地抓住了载难逢的战机，带领军队穷追猛打，在护步达岗追上辽军，杀得辽军横尸遍野，溃不成军，金军缴获了大量的牛马等军资，辽国大军主力丧失殆尽。

此役展现了完颜阿骨打超人的胆识和杰出的军事才能，他善于在战场上抓住战机。而反观辽军，不但没有抓住最佳战机，反而发生内部政变，军队战斗力低下，致使其主力被歼灭，此役后再无能力与金军作战而直接导致了辽国的灭亡。

根据《金史》等史料看，此次战役之所以辽国一败涂地，除了辽国政权腐朽无能，内部党派纷争，军队派系林立，辽军上层出现内讧等原因外，金国军队的决策力、凝集力、战斗力和军队指挥方面的因素起了重要的作用，是取胜的关键。

金史

金史目録

金史卷一

元中書右丞相總裁脫脫等修

本紀第一

世紀

金之先出靺鞨氏靺鞨本號勿吉勿吉古肅慎地也元魏時勿吉有七部曰粟末部曰伯咄部曰安車骨部曰拂涅部曰號室部曰黑水部曰白山部隋稱靺鞨而七部並同唐初有黑水靺鞨粟末靺鞨其五部無聞粟末靺鞨始附高麗姓大氏李勣破高麗粟末靺鞨保東牟山後爲渤海稱王傳十餘世有文字禮樂官府制度有

Part1 第一章

什么决定了楚汉相争的胜负

力拔山兮气盖世的英雄项羽败给了平民出身的刘邦，难道真像项羽所说的“天之亡我，非战之罪”吗？

在中国历史上，楚汉相争是令人回味无穷的一段重大历史事件。楚汉相争的结局也值得人们去探索挖掘。中国历代政治家、历史学家、学者和诗人都对这一历史事件做过评价。《史记》的作者司马迁，在《史记》中把项羽描写成力拔山兮气盖世的英雄，同时也对其性格特点做了详细的描述。说他性情非常暴戾，遇到事情不够果断，有妇人之仁，是一个不懂谋略只知道使用暴力的武夫。历代文人墨客也对项羽结局的评价不一，对于这个将门出身、力大无穷能扛鼎的英雄，从推翻暴秦到楚汉相争失败，演绎了千古绝唱的悲剧人物，人们更多的给予同情，而项羽的对手刘邦得到的更多的是嘲贬。给胜利者嘲贬在历史上并不多见，这是为什么呢？为什么将门出身的项羽却败在了只是一个小小亭长出身的刘邦手中？

鸿门设宴

秦始皇当年巡幸天下时，项、刘二人看到

了秦始皇巡游天下的车队，都说出了自己的豪言壮语。项羽说我可取而代之；刘邦说大丈夫就应该是这个样子。可见二人的雄心壮志。

秦二世元年陈胜、吴广起义，天下纷纷响应。原来是楚国旧臣的项家一直在寻找机会推翻暴秦，他们趁势在江东聚集了 8000 人马起兵造反。这 8000 人就是项羽军队的主力干将，这些人都勇猛好战，战斗力极强。正是因为这 8000 子弟兵，项羽的军队在诸侯中成为最能打最有战斗力的军队，因此被各路诸侯推为霸主。但这 8000 子弟兵们素质不高，并有烧杀抢掠的恶习，每次攻城后都会杀害帮助过秦军的平民和投降的士卒，他们也因此成为

知识小链接

项羽，名籍字羽，在中国历史上以“勇”著称，他也是一个非常有争议的人物。在民间，楚汉之争的故事已经不是历史事件那么严肃的事情，更像是“英雄”与“小人”在争夺天下的故事。对项羽的失败多数人感到惋惜，以至于项羽给人们留下了“有勇无谋”的印象，严格地说，项羽在推翻秦朝统治上起了关键作用。

陈胜、吴广起义

最有破坏力的军队。这样的暴行使项羽渐渐失去了民心。

公元前206年，刘邦率军占领咸阳，秦朝灭亡。普天之下项羽成为最强的霸主，天下各路诸侯没有人能够打得过他。此时拥有绝佳机会一统天下的项羽却大封天下诸侯，自封为西楚霸王。项羽在鸿门设宴，宴请刘邦，当时刘邦的实力不如项羽，只得赴宴。项羽由于妇人之仁放过了刘邦，封他到偏僻的汉中当王。他没有看出天下间最有实力与他抢夺天下的正是这个亭长出身的刘邦。由于项羽军队坑杀过投降的秦军，关中百姓对项羽恨之入骨，项羽不敢在关中久留，他离开了天下最富庶的关中，去了彭城，并在那里立都。

刘邦去了汉中以后，没有老老实实做汉王，而是时时刻刻想着如何走出汉中跟项羽争夺天下。刘邦听从韩信的建议，明修栈道，暗度陈仓，夺取了富庶

刘邦斩蛇

的关中。当年刘邦入咸阳时曾对军队约法三章，取得了民心，取得了百姓们信任的刘邦在关中立稳了脚跟。

虞姬石像

随后刘邦率军东征攻打彭城。项羽马上率领部队回击刘邦，刘邦的部队不是项羽的对手，大败而回。此时项羽军队出现了老问题，军粮不足、战线太长，项羽不可能在短时间内消灭刘邦。战争进入到持久状态，这个时候谁能够取得天下还是一个未知数，项羽和刘邦都有得到天下的实力。

研究楚汉战争的学者发现了一个很有趣的现象。项羽的军队打的胜仗最多，几乎是在压着刘邦打，项军每打一次胜仗军队的士气就下降一次，打的胜仗越多士气下降得越厉害。相反刘邦的汉军虽然一直在打败仗反而越打士气越旺盛，双方形成了鲜明的对比。这是因为刘邦的后方建设比项羽做得好，刘邦能够在军队战败以后很快恢复元气，有关中作为他的大后方能够及时地补充兵源和粮食。所以当刘邦在战胜项羽之后论功行赏时，把保障后勤的萧何列为同韩信、张良一样的大功臣，可见刘邦对后方的重视。而项羽的军队过得就不如汉军了，由于供给问题项羽的军队常常连饭都吃不饱，没有办法只能四处索粮抢劫。项羽遇到汉军只求速战速决，表面上打败了汉军很多次，但是战争时间一旦拉长，楚军就会被拖得疲惫不堪。终于在公元前202年垓下一战中项羽军中粮食被吃光了，士兵没有了战斗意志，当听到四方都是汉军唱着家乡的楚歌时军心大乱，兵败垓下。

项羽善于攻击，他知道怎样去打败敌人，但不知道怎样做个好统帅；他的部队善于攻击和破坏，但不懂得怎样建设后方，如何安境养民，保障粮食生产和部队建设。垓下兵败后项羽突围到乌江，他因无脸再见当年跟随他出征的江东子弟的父老乡亲而拔剑自刎。临死前他说自己身经大小 70 多战，从来没有败过，今天败了，不是不会打仗，是天要亡他。项羽从起兵到失败历时 7 年，他灭了暴秦，打了很多胜仗，只败了这一次，就命丧乌江，这与刘邦屡败屡战的个性形成鲜明对比。

古时候人们写史时只关注重大事件，只对重要人物、战场的胜败进行记录，并没有详细说明胜败的原因，例如，楚汉相争的记载就对刘邦的胜利解释为鸿门宴上项羽放过刘邦，是刘邦的运气好，最后造成了项羽的失败。

项羽的失败是由多种原因造成的，他的性格是一方面，他是一个不可多得的将才，但不是一个合格的统帅；他有战胜敌人的战术却没有统筹全局的能力；他只关注于打了多少胜仗，而没去谋划整个战场。这是他的悲哀，也让后人从中吸取了很多教训。

Part1 第一章

十字军为什么东征

十字军东征是改变了欧洲历史的大征战，是由宗教组织发动的侵略战争，在战争中东方文明与西方文明发生碰撞，对欧洲文明产生了巨大影响。

公元1095年11月，法国召开克勒芒宗教大会。在大会上罗马的教皇乌尔班二世宣称基督教的圣城耶路撒冷被东方的异教徒穆斯林占领，他代表天主下达命令，去消灭这些占领圣城的穆斯林，在上帝的指引下，勇敢地踏上征途去征服消灭他们。为了号召更多人参战，教皇还称耶路撒冷是天堂，是世界的中心，有数不清的黄金财富。有的人为了宗教信仰，有的人为了财富，怀着不同目的的人走到一起，投入到了这场举世震惊的侵略战争中，第一次十字军东征开始了。

1099年7月，十字军击败了塞尔柱突厥人，占领了耶路撒冷，并在耶路撒冷建国，同时还组建了几个封建性质的小国家。刚刚占领耶路撒冷的十字军疯狂地敛财，残暴地杀害塞尔柱突厥人，很快便激起了当地人民的反抗，受不了十字军的残暴横征的人民纷纷起义。

十字军东征

公元 1144 年塞尔柱突厥人经过艰苦的战斗占领了爱德沙，促使法国国王路易七世、神圣罗马皇帝和德意志国王康拉德三世马上联合起来组成十字军。第二次十字军东征开始了。

首先出发的是德意志十字军，但在小亚细亚被土耳其军队击溃，无功而返。法国人组建的十字军想要攻占大马士革的愿望也没有达成。第二次十字军东征没有达到目的，以失败而告终。

第三次十字军东征是以罗马、英国和法国为主力联合形成的。这次东征由于他们各怀鬼胎，内部矛盾重重，注定会以失败而告终。

至此三次东征除了第一次东征有收获以外，其他两次东征均以失败收场。

1202 年，第四次十字军东征开始了。这次东征是由教皇英诺森三世发动的，这次的计划是要攻克埃及，当时埃及是由伊斯兰国家控制的。但是由于种种原因，在威尼斯商人的干预下原先的计划被打乱了，十字军改变了进攻埃及的计划，而是攻克了同样信奉基督教的拜占庭帝国。

十字军东征

知识小链接

十字军的历次东征，每到一处都进行了疯狂残忍的屠杀，为了掠夺财富犯下了很多滔天罪行。这场持续近200年的战争最终以失败结束。

在随后的第五、第六、第七次东征都是以埃及为目标，最终结果都是以失败宣告结束。

第八次十字军东征是在法国国王路易九世领导下发动的，这次东征的目标是突尼斯。

在进军的过程中路易九世突然染病身亡，军队不得不撤退，宣告第八次东征结束。

到了1291年十字军的最后一个据点阿卡被攻破，这场持续了将近200年的战争才算彻底结束。

十字军东征

十字军的残暴贪婪给东方和西欧国家带来了毁灭性灾难，同时对欧洲文明产生了长远的影响。它使欧洲基督教各国的内战找到了一个发泄的出口，也使得欧洲人认识到了新世界，士兵们看到了他们在故乡看不到的新鲜事物，并通过看到的新鲜事物结合自身的文明创造出了新的文化。

战争结束后很多人没有回到欧洲，这些人在欧洲属于下层阶级，没有继承土地、财富和遗产的资格，他们回到欧洲也得不到他们想要的，但他们将西方的文化、军事、艺术、科学等各方面的成果带到了东方，同时他们还发现在阿拉伯国家的文献资料里竟然记录了几个世纪前的古希腊文化。东方和西方文化交融在一起，影响了人类几个世纪的文明发展。虽然十字军东征给东、西方的社会带来残酷的战争，人民流离失所，百姓苦不堪言，但东西方的文化、经济的交流，拉近了世界的距离，所产生的积极作用已经超过了十字军所带来的灾难。

十字军东征，也打开了东西方的贸易之门，使得欧洲的经济、货币发生了革命性改变，也使得城市向前发展。由于这些改变，东西方形成了有利于资本主义生存的空间，而且东征使东方西方的文化交流越来越多，在这种前提下交流刺激了西方的文艺复兴，很多科学成就就是在这个时候传到西欧的。

十字军东征，使欧洲大陆走向了世界，把欧洲的商人同这个发展中的世界绑在了一起。由于欧洲人对中东的商品需求日益增加，他们必须拿出自己的商品来跟对方交易，这样使欧洲的羊毛和纺织业得到了长足的发展。东征结束以后中东商人不再与欧洲人进行贸易，欧洲人想要得到亚洲的商品困难越来越大，但是欧洲人对亚洲的商品需求量却不断加大，历史学家认为由于需求量的增大加快了航海探险的脚步，为以后发现新大陆奠定了基础。

十字军东征

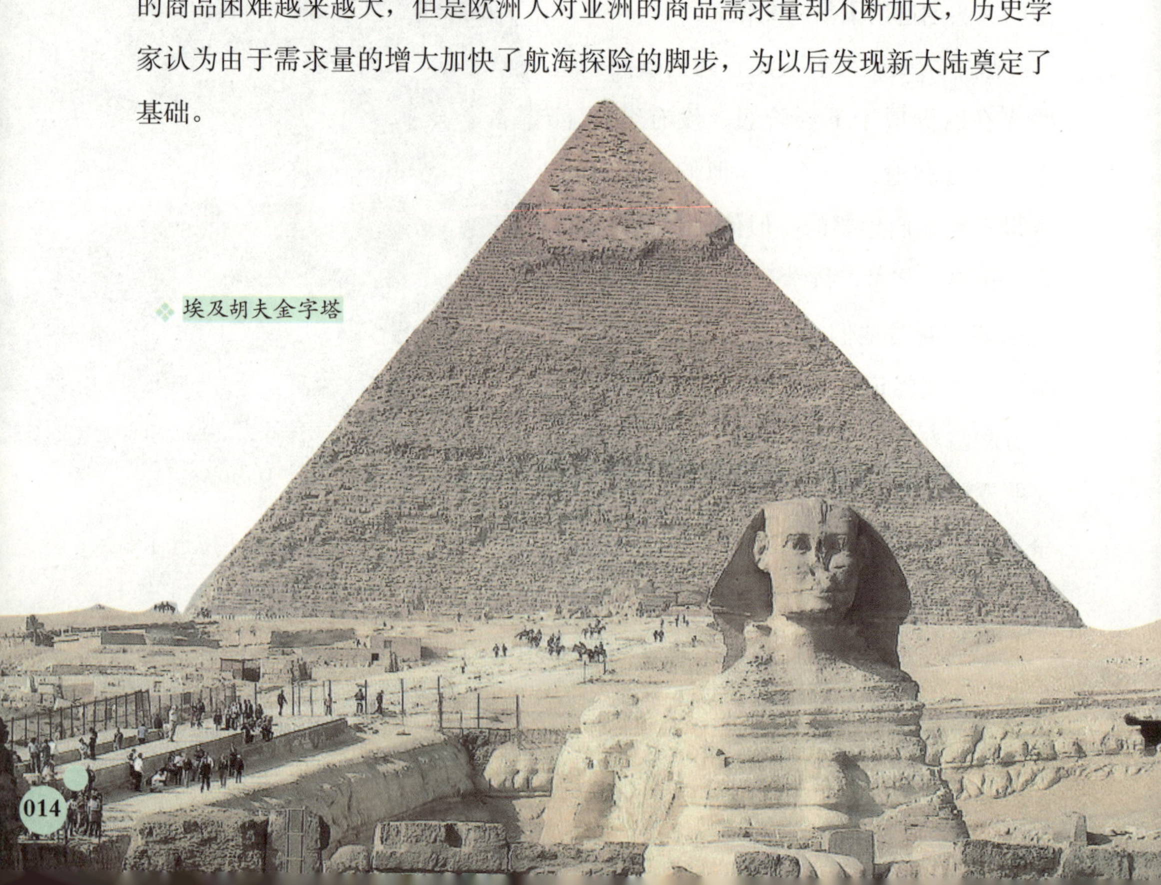

埃及胡夫金字塔

马拉松比赛的起源

马拉松是世界上很普遍的一项田径运动，它起源自哪里？谁创造了马拉松？这项运动为什么会受到很多人的热爱？

说到马拉松我们就必须提到一场战争，因为这场战争中一个名叫菲迪皮茨的英雄人物才有了现在的马拉松比赛。

在伊朗高原上有一个强大的波斯帝国，波斯帝国的皇帝大流士一世不断侵略其他国家以扩张自己的领土。为了占领希腊，大约在公元前514年的时候，波斯帝国的军队占领了爱琴海一带，希腊面临被侵略的威胁。波斯帝国第一次出兵就派出大量的舰队通过水路向希腊进军，可是在海上遇到飓风，战舰损失殆尽，士兵也死了两万多人，波斯人不得不撤军。这一次的天灾挽救了希腊，波斯帝国第一次入侵希腊的军事行动失败。

马拉松比赛

然而天灾也阻止不了波斯人的野心，他们派出使者到希腊，想要通过恐吓、离间的方式使希腊的各个城邦归降。当时希腊最大的两个城邦是雅典和斯巴达。希腊人没有被波斯人吓倒，雅典人把波斯派来的使者扔下悬崖摔死了，斯巴达人把波斯使者扔到井里淹死了。希腊人坚决抵抗的决心激怒了自大的波斯国王大流士一世，他认为这些希腊人不识时务，在强大的波斯帝国面前竟然不低头归降，他决定亲率十万大军发动第二次针对希腊人的军事行动。

大流士率军横渡爱琴海，在离雅典城东北 60 千米的马拉松平原登陆。10 万大军浩浩荡荡向着雅典前进，雅典告急。为了应对波斯军队，雅典人派出了他们的长跑能手菲迪皮茨，让他去向友邦斯巴达求援。这位善于长跑的战士知道这次雅典有亡国的危险，他接到命令后一路长奔，不眠不休，用了 2 天时间跑了 150 千米，终于到了斯巴达。但是斯巴达却没有答应雅典的请求，

爱琴海

拒绝支援雅典。菲迪皮茨失望地拖着疲惫的身体跑回雅典，告诉人们这个坏消息。

雅典人并没有因为斯巴达人不来支援而感到绝望。他们决心靠自己的力量打倒波斯人，誓死也不做亡国奴。雅典人把全体民众召集起来组成军队，甚至把监狱里的奴隶、犯人也组织到一起，誓与波斯决一死战。但即使这样也只聚集了一万人的军队，在兵力上根本无法与波斯人的十万大军相比。

在开赴战场之前，雅典军队的统帅米太亚得对战士们说："我们的国家就要沦陷了，你们以后是想戴上奴隶的枷锁活一辈子，还是要永远做一个有尊严的雅典人，就看今天这一战了。"面临亡国的雅典人被激发出渴望自由的斗志，谁也不想成为奴隶而过完余生，他们发誓一定要把波斯人赶出雅典。

米太亚得是雅典出色的军事家，一个能征善战的英雄。面临强大的波斯帝国军队，他没有选择强攻，而是采取智取。他想到了一个计策，派出一小部分兵力去假装攻击敌人，把主力部队埋伏在马拉松平原两侧隐蔽起来。他让佯攻的部队假装失败，诱使波斯军队进入埋伏圈。

自大的波斯军队遇到小股雅典军队并很快击败了他们，波斯军队上当了，他们以为雅典人不堪一击，军队长驱直入，波斯人以为打败了面前的雅典军队以后，就可以在富庶的雅典城掠取数不尽的财富和奴隶了。然而，波斯人的狂

知识小链接

马拉松战役的胜利，有力地打击了波斯帝国入侵希腊的野心，希腊摆脱了被波斯奴役的危险。使波斯帝国被迫与希腊签订和约，承认希腊各个城邦的独立。

妄注定了他们的失败。在进入雅典人设好的埋伏圈后，雅典人犹如神兵天将般打得波斯人血流成河，大败而回，雅典人乘胜追击一直把他们赶到了爱琴海。

此战雅典完胜，波斯军队死伤6000多人，而且还被雅典人夺去了7艘战舰。波斯国王为他的野心付出了沉重的代价，而雅典军队只伤亡了190人。

这是一场世界闻名的战役，被历史学家称为马拉松战役。雅典人以少胜多，他们抗击外族入侵的大无畏的精神，在历史上写下了浓墨重彩的一笔。

为了把胜利的消息迅速地告诉在城中等待的人们。米亚太得将军命令菲迪皮茨回城把这一振奋人心的消息告诉大家。菲迪皮茨虽然在战斗中与敌人英勇搏斗时受了伤，但他还是接受了这个使命。他不顾自己的伤情，一路跑回雅典，当他跑到雅典广场后，对等待在那里的人们说了一句“我们胜利了”后倒在了地上，再也没有起来。

为了纪念这一次重大战役的胜利，1896年第一次雅典奥林匹克运动会上，设立了一个新的运动项目——马拉松比赛，用来纪念这场战役的英雄菲迪皮茨，马拉松项目由此诞生。比赛时运动员从马拉松平原起跑，沿着当年菲迪皮茨跑过的路线，到达雅典，全程40.2千米。在1920年的时候经过精确测量，整个路程为42.195千米。

马拉松战役——菲迪皮茨

Part1 第一章

汉尼拔为什么没能征服罗马

占领罗马成就丰功伟业，成功近在咫尺，伟大的汉尼拔·巴卡是怎么了？作为优秀的将军，他犯了什么错误？是大意，还是另有隐情？

公元前218年爆发了第二次布匿战争，汉尼拔经过深思熟虑和周密的布置，带领军队对意大利施行军事远征。汉尼拔出其不意地带领军队翻过了人迹罕至的阿尔卑斯山，克服重重困难终于到达了意大利北部。经过休整以后，汉尼拔进军意大利中南部。当汉尼拔带领军队出现在意大利的时候，罗马人倒吸了一口冷气，他们从心里感受到深深的恐惧，万万没有想到汉尼拔会出现在意大利。罗马军队的作战计划全部被打乱，不得不调集军队回撤对汉尼拔进行阻击。在随后的特拉西美诺湖之战和坎尼会战中汉尼拔以少胜多，取得了辉煌的战绩，成就了汉尼拔的威名。

由于罗马人在军事上一直失败，汉尼拔剑指罗马首都罗马城，这使罗马有了亡国的危险。在坎尼会战中，汉尼拔已经把罗马的主力歼灭，整个意大利半岛已经脱离了罗马的控制，罗马城就是一座孤

汉尼拔·巴卡没有征服的罗马

城，只要攻陷罗马城，就会在精神上给予罗马人重创，罗马人就会失去抵抗的意志。然而汉尼拔没有进攻已经陷入孤立的罗马城，错失良机，使罗马人有了喘息之机，由弱变强，并最终扭转战局，反败为胜。为什么汉尼拔在军事上取得胜利，士气大振之时没有进攻唾手可得的罗马城呢？对此史学家们有着各种解说。

第一种说法是汉尼拔的军队是战略失误，错过了进攻罗马城的最佳时机，经过随后的几次战役，再也没有像坎尼会战后那样好的机会去进攻罗马城。

第二种是说汉尼拔因自负自大心理，坐视罗马由弱变强，最终导致自己失败。

知识小链接

汉尼拔·巴卡出生在了一个不属于他的时代，汉尼拔从小就受到严格的军事教育，一生都在跟罗马人战斗，最经典的康奈战争，汉尼拔指挥军队大胜罗马人，以损失6000人的代价，杀死了罗马军队7万多人。然而他的政府还是抛弃了他，迦太基政权投降罗马，为了讨好罗马，汉尼拔成为“贡品”，汉尼拔只得逃跑，最后无奈地服毒自尽，客死于他乡。

第三种说法是汉尼拔进攻罗马的时候，罗马正在发展壮大的时期。罗马是一个贵族共和国，在经过长期斗争后，平民在罗马得到了一些政治权益。平民、农民是罗马军队中的中坚力量，他们都希望在战争中得到一份属于自己的土地，因此在对外的战争中，他们都异常勇敢。因为这些原因，使得在第二次布匿战争中，即使罗

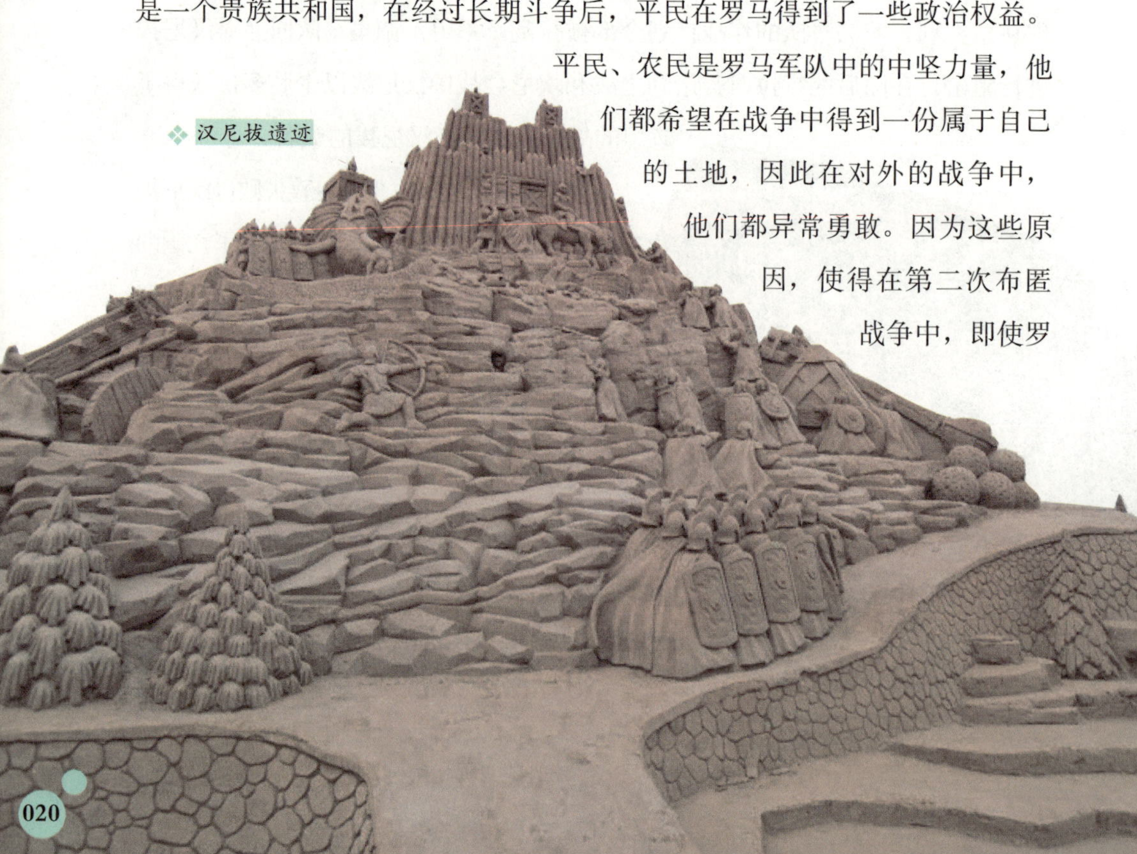

汉尼拔遗迹

马军队屡战屡败，也能够马上得到充足的兵源和补给，一直到最后取得胜利。

第四种说法，汉尼拔远征罗马没有得到本国的支持，迦太基政权内部派系斗争导致汉尼拔得不到本国的支援，而汉尼拔是率军在敌国进行作战，想要得到补给非常困难，汉尼拔不得不以战养战。远征军几乎与本国断绝联系，成了一支孤军。好不容易把一切反对罗马的国家组成联盟，却又因为各个国家之间的矛盾而瓦解。这也可能是导致汉尼拔失败的一个原因。

第五种说法是说汉尼拔的失败在于他的兵力太少。他的军队主要是由雇佣军组成，他每占领一个地方就要派兵在这个地方驻扎，他要进攻一个地方的时候还要考虑自己的要塞不要被罗马抢夺走，这样就使他的兵力越来越少，军队的力量就这样一点一点被消耗掉了。以前得到的胜利都是全力以赴，通过战略战术来打败敌人，现在力量被分散了，罗马人又是在本土作战，且拥有主动权。罗马人改变了以前针对汉尼拔的作战方针，不主动跟汉尼拔进行决战，而是转向消耗战和骚扰战，战场的主动权转向了罗马。

罗马人知道汉尼拔太强大了，面对这个军事天才，他们虽然有优势打败他，却也会受到相当大的损失。两虎相争必有一伤，他们想到了一个办法——入侵迦太基，使汉尼拔的军队撤回本土。罗马军队集中力量入侵了迦太基本土，汉尼拔不得不率军回国。罗马人计谋奏效，并且在随后的战役中打败了汉尼拔。

西方战略之父——汉尼拔·巴卡

Part1 第一章

古罗马军团失踪之谜

传说古罗马的一个军团的消失竟然与遥远的中国有着千丝万缕的联系，古罗马军团真的来到了中国吗？他们是怎样千里迢迢地来到东方的呢？

公元前 53 年，古罗马三巨头之一克拉苏亲率大军远征安息，在今叙利亚的帕提亚被安息大军围歼几乎全军覆没，这次失败对罗马打击非常大，克拉苏也被安息军队抓获最终被杀。

在此次战役的最后时刻，约 6000 人的罗马军队冒死突围，他们成功地突破了安息人的防线。这支军团被称为罗马第一军团，由克拉苏长子普布利乌斯率领，军团突围成功后，却从此失去了音讯，这件事情就像根本没有发生一样。罗马曾派人四处寻找，但哪里都找不到第一军团的踪迹。多年以后战争结束，罗马人与安息人开始交换俘虏，罗马人要求归还当时突围的第一军团时，安息方面不承认他们俘虏过第一军团的 6000 多人。罗马又出动了大量的人力物力寻找这消失的第一军团，最终还是杳无音信。第一军团 6000 多人离奇失踪，既没有在战场上找到尸首，也不知道他们突围以后到底去了哪里。

战斗中的罗马军队

拥有 6000 多人的军团，无论是行军还是驻扎，都一定会留下讯息，况且这么多人如何获得补给也是问题，绝不可能无缘无故地消失，但这件事却在历史上真真切切地发生了。第一军团突围以后就应该跟罗马方面取得联系并尽快回国休整，就算他们迷了路也不应该毫无踪迹，最起码他们应该留下信息等待罗马方面的救援。整件事看起来不可思议，西方军事史上古罗马军团消失之谜就这样摆在了人们的面前。

这个历史之谜吸引了无数历史学者去探索，他们查阅了相关资料并实地考察，希望能找到古罗马军团消失之谜。当他们翻遍浩瀚的历史书籍，惊奇地在中国古代的历史记载中找到了一些蛛丝马迹。汉书《陈汤传》中明确记载了一次军事行动，在这一次军事行动中，历史学家找到了可能是罗马军团残部的信息。公元前 36 年，当时的中国是汉朝，这个时正是我国西汉元帝建昭三年，当时刘奭在位。汉朝正在抵御北方匈奴的入侵和骚扰。

匈奴的单于频频袭扰边境，威胁到了西域。汉朝派重兵去抵抗匈奴。当汉朝官兵到达康居后，见到了他从没有见过的军队，他们打仗的战术方式也是闻所未闻。这支部队由 100 多个士兵使用盾牌，形成鱼鳞阵进行防御，陈汤率部与其作战，战斗很快结束，汉朝军队收编了这支军队，在祁连山下建立骊县来安顿他们。很多历史学家都认为这个可能就是古罗马军团的残部，首先，骊是中国汉朝时期对罗马人的称呼，而汉朝建立骊县就是针对罗马人而修建的；其次，从这支军队的阵式上看是典型的古罗马军队的防御

古罗马三大巨头之一——克拉苏

阵式。所以这支军队很有可能就是在远征安息中由普布利乌斯率领突围的罗马第一军团。

《左传》

不过仅凭这几点，也无法让众多历史学家信服，古罗马军团是怎么跑到了遥远的中国，并且还参加了汉朝与匈奴的战争？根据史学家们的分析，普布利乌斯率领这支罗马军团突破安息的防线以后四处流浪，当第一军团流窜到中亚后，被匈奴部落发现，极有可能被匈奴收编或者成为匈奴的雇佣兵。所以罗马军团能够出现在汉朝和匈奴的战争中，也是合乎情理的。对于这一支军队的作战战术，质疑者也提出了很多疑点，他们认为鱼鳞阵并非只有古罗马军队会用，这一种阵法在中国早有记载，外城为郭、内城为城早在中国古代就成为通制，而且在中国历史书籍《左传》中明确记载了中国古代战争中也有使用过像鱼鳞阵这样的阵法进行作战，只不过这样的阵法在中国不叫鱼鳞阵，而叫鱼丽阵。

史学家们众说纷纭，都提出各自不同的观点。无论从哪方面看都有各自的证据来证明自己的观点是有历史依据的，是正确的。20世纪40年代英国著名的汉学家德效骞就针对古罗马军团消失与中国古代汉朝的骊城之间到底有没有关联进行了大量的调查。在他撰写的《古代中国之骊轩城》一文中写道，中国古代称罗马人为骊轩，后又改为大秦，大秦一名是由中国历史书籍《后汉书·大秦传》中大秦国名骊轩这句话起首的。同时他

知识小链接

古老的罗马创造了璀璨的文明，他们的历史在西方相当重要，他们的军事史就是整个西方军事史的写照。克拉苏远征失败被杀造就了古罗马兵团消失之谜。克拉苏是古罗马共和国非常有影响力的一个人物，他镇压了历史上有名的斯巴达克起义，他与庞培、恺撒组成了三巨头联盟。

以查阅的相关资料来说明在中国古代以外国国名来命名的城市，只有当时的新疆库车和温宿，它们都是用以前外国移民的旧称来命名，骊轩城肯定与外来民族移民有关系。同时他根据骊轩城在中国版图出现在时间跟古罗马与安息人互相交换俘虏的时间吻合，得出这绝对不是巧合，这说明古罗马在寻找失踪的罗马第一军团的6000人的时候，这支突围的罗马军团已经出现在了他们想也想不到的中国汉朝。这支罗马军团不仅参加汉朝和匈奴的战争，而且在中国安家落户。

古罗马士兵

在漫漫的历史长河中，骊轩人已经融入到了这个有着悠久历史文明的东方古国。时间到了中国的隋朝，当时的隋文帝鉴于骊轩人已经跟汉人融合便将骊轩县并入了番禾县。

从隋朝往后，在中国的骊轩人就进入到汉族这个大家庭中，不分彼此。

斯巴达克没有北上之谜

斯巴达克起义是古罗马时期爆发的一次最大规模的奴隶起义。奴隶们团结起来，为了自由对高高在上的罗马贵族举起了反抗的战刀。

在古罗马，奴隶就是一件器物和玩物，可以被自由买卖，奴隶主们以自己的喜怒哀乐来决定奴隶的生死，根本不把奴隶当人看，奴隶们过得生不如死。古罗马的奴隶主们疯狂地压榨和剥削奴隶，甚至让奴隶进行决斗来供他们玩乐。哪里有压迫哪里就有反抗，公元前 73 年，处于水深火热的奴隶们为了生存和自由，发动了起义。这次起义的领袖是一个名叫斯巴达克的奴隶，一个勇敢无畏的人。

奴隶们恨透了不可一世的罗马贵族和奴隶主，在起义不到一年的时间里，起义军的人数就达到 7 万之众，起义军行军至意大利南部后如入无人之境，起义军到哪里，哪里的奴隶就得到自由。在斯巴达克的带领下，起义军狠狠地打击了当地的奴隶主。罗马高层震动了，他们想不到一个小小的奴隶会搅得罗马天翻地覆。而起义军日渐强大的声势也让罗马元老们感到了威胁。罗马大法官克劳狄和瓦里派兵对斯巴达克的

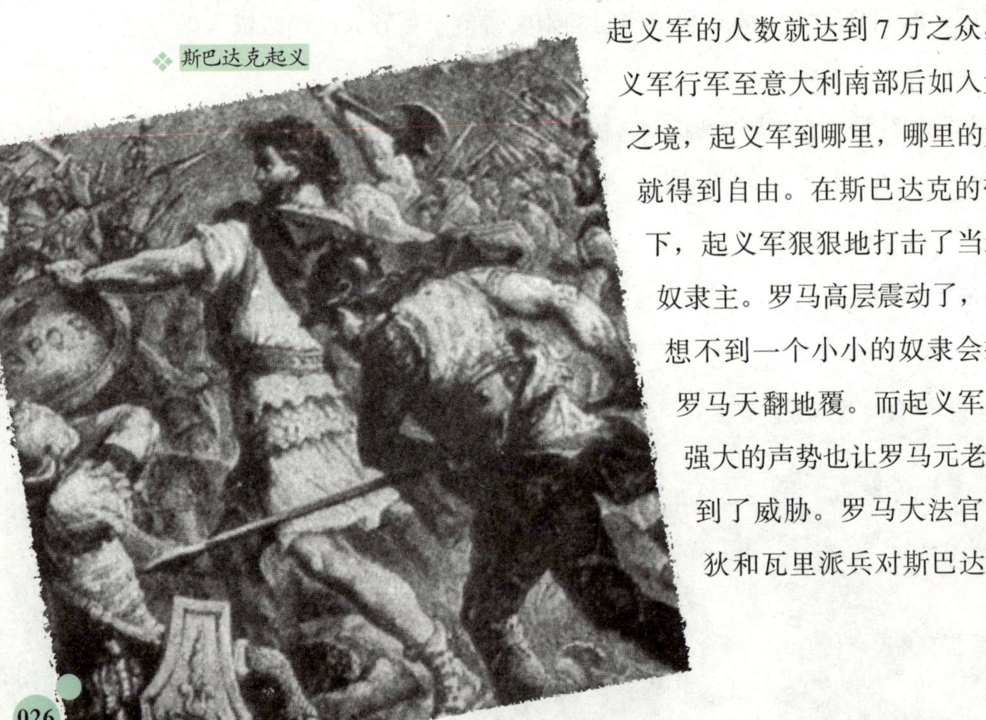
斯巴达克起义

奴隶被自由地买卖

队伍进行围剿，英勇的起义军人人向前，奋勇杀敌，痛击了罗马军队，粉碎了罗马对起义军围剿的计划。强大的罗马帝国军队在面对以前的奴隶时，付出了血的代价。

斯巴达克是一个有着卓越军事才能的人，他没有被胜利冲昏头脑，而是冷静地分析了敌我形势，虽然现在起义军打了几次胜仗士气正旺，但面对罗马帝国他们还不够强大，所以他制订了一个对目前形势比较合理的行军计划，那就是全军向阿尔卑斯山前进，翻过阿尔卑斯山向北出境返回故乡。起义军是由很多罗马帝国的奴隶组成的，他们以前大部分是罗马帝国的战俘，很多人起义是为了回到家乡得到自由。当斯巴达克提出这个计划时，立刻遭到他的副将克里克斯的强烈反对，由于克里克斯的反对，军队差点儿发生哗变，克里克斯与斯巴达克达不成一致，最后克里克斯带领两万人离开了起义军主力。克里克斯率领两万人离开斯巴达克以后遭到了罗马军队的袭击，最终全军覆没。得到克里克斯被歼灭的消息后，斯巴达克仍然决定执行北上出境的计划，他命令军队杀掉所有俘虏，毁掉所有不能够带走的战利品，只带粮食和武器轻装北上。在通往阿尔卑斯山的路上罗马军队的几万大军对斯巴达克率领的起义军进行了围追堵截。斯巴达克以其卓越的军事才华带领起义军转战千里，经过二十天的激战，连续击溃了罗马名将林图鲁斯和格里乌斯，攻克了北上的最后一座城市穆提那。阿尔卑斯山就在眼前，罗马的军队已经被击溃，罗马人再也没有办法去阻止他们回家了，战士们只需要翻越眼前的山脉，就能够回到他们的故乡见到家人了。

北上的计划马上就要成功了，故乡和家人们就在眼前，起义军战士们都盼望着斯巴达克下达命令翻越面前这座大山，但是斯巴达克没有下达继续前进的命令，反而命令军队轻装南下。起义军南下以后，被古罗马三巨头之一的克拉苏率兵拦截。在这次战斗中斯巴达克身先士卒，带领士兵一次又一次地冲击罗马军队的防线，最终战死沙场，只有一小部分军队冲出了罗马军队的包围圈。斯巴达克起义就此以失败告终。一代军事天才——斯巴达克结束了自己轰轰烈烈的一生，但他英勇无畏的精神和卓越的军事才华永留史册。

知识小链接

斯巴达克出生于巴尔干半岛的色雷斯，在保卫希腊战争中被罗马军队俘虏，成为奴隶。为了自由发动了震惊世界的斯巴达克起义，在阿普里亚战役中战死沙场。虽然斯巴达克的起义没能推翻罗马奴隶主的统治地位，但这次起义加速了奴隶制度的灭亡，推动了社会进步。

为什么在北上计划就要成功的时候，巴达克却要南下呢？这个问题让很多学者看不透，南下以后起义军等于又回到了罗马的势力范围，强大的罗马帝国不会放过斯巴达克和他的军队，罗马人肯定会不惜代价地消灭起义军。由于史料上没有明确记载斯巴达克为什么做出这样的决定，史学家们只能通过当时的历史背景和客观事实来分析斯巴达克南下的原因。

史学家们认为巴达克改变北上计划有几种原因：一是因为当时的形势发生了变化，当时斯巴达克制订这个计划是因为他看清楚了敌强我弱的事实，起义军是由奴隶们临时组成的军队，他们不像罗马军队那样经过专业训练，罗马军队有罗马帝国强大的国力为后盾，就算他们攻几座城池打几次胜仗也伤不了罗马帝国的元气，所以斯巴达克带领军队尽量不在罗马帝国势力范围内活动，而是去罗马控制薄弱的地方。当他们走到阿尔卑斯山的时候，他们发现强大的罗马帝国军队在起义军面前竟然不堪一击，他们在首领斯巴达克的带领下杀得罗马军队血流成河，多次的胜利使起义军感觉罗马帝国并没有想象中的那么强大，罗马人的战斗力也不如他们。而且起义军骄傲起来了，而且起义军的士兵们不想北上，他们想攻回罗马打倒罗马帝国。当时起义军的兵力是 12 万，这些人打回罗马还是有希望的，在军事会议上将领们强烈要求斯巴达克改变北上计划，带领军队打回罗马，把不可一世的罗马元老们拉下马。斯巴达克同意了将领们的请求，他不想再出现像克里克斯那样的悲剧，为了保住起义军的力量斯巴达克命令军队南下。

阿尔卑斯山

二是因为阿尔卑斯山的气候条件，起义军受不了终年白雪、天寒地冻的气候，12 万人的给养也不足以让士兵们翻越巍峨的阿尔卑斯山。

三是有的学者认为意大利北部民众不支持起义军，如果他们翻越过阿尔卑斯山还不如挥师南下。

四是斯巴达克想到还有更多像他一样的奴隶受到罗马人的奴役，为了更多的人得到幸福和自由，他毅然决定南下去解救更多的奴隶兄弟。

由于史料的缺乏，目前只能给出这几种解释，斯巴达克为什么改变北上的计划，还有待于新史料的出现来最终解开这个历史之谜。

Part1 第一章

北洋水师全军覆没之谜

甲午战争是日本侵略中国的战争，以中国的北洋水师全军覆没而告终。此次战争的失败给中华民族带来了空前的危机，并加深了中国的半殖民化。

甲午战争的失败很多人都归咎于当时清政府的腐败无能，军队战斗力差。但是很多人不知道，决定这场战争成败的不单单是双方国力的对抗，而是日本与当时中国清政府的情报工作，谁的情报工作做得好做得详细，谁就得到先机。战争的最终结果表明清政府的情报工作没有日本当局的情报工作做得成功，这是北洋水师全军覆没的重要原因之一。

在古代，日本人一直以中国文化为荣，璀璨的中华民族文明是他们学习的榜样。为了学习中华文化，日本人不远万里来到中国求学。自从 1868 年日本明治天皇进行改革后，又转而学习西方先进的科学技术、教育方式和生活习惯，史称“明治维新”，自那以后，日本国力越来越强盛，野心也越来越大。日本是一个岛国，国家资源稀缺，为了增强国力他们逐步走向对外扩

甲午战争博物馆

❖ 甲午海战图

张的军国主义路线。为了扩大帝国势力，日本人早就对中国这个有着古老文明和各种丰富资源的国家垂涎三尺。在甲午战争以前，日本人就在中国建立了庞大的间谍机关——乐善堂，他们冒充中国人，以各种身份渗透到中国。他们假扮学生、商人、医生等来从事情报工作，并收买中国人来为他们工作。可见日本人早就做好了对中国发动战争的准备。

❖ 张之洞

日本人想要侵略中国必须有合适的登陆点，在1888年，日本间谍在山东半岛进行侦察。他们潜伏在正在施工中的威海炮台和荣成湾附近，经过仔细侦察，他们认为荣成湾是很好的登陆港口，因为这里湾面阔水深，舰船在恶劣的天气情况下也可以在这里安全停靠。而且荣成湾位于直隶海峡外侧比较偏僻的地理位置也对战争有利，日本间谍随即将此情报报告给日本海军，日本海军马上采纳了这个建议，这个建议对以后打败北洋水师起到了重要作用。战争机器已经运转起来了，日本对中国的情报越来越重视，日本政府已经决定对中国发动战争，只不过对什么时候打，在哪里进行决战，是不是有足够取胜的把握没有进行最后的决策。

知识小链接

甲午战争是中国近代史的耻辱，最终以中国战败结束，并且与日本签订丧权辱国的《马关条约》。赔偿2亿两白银，割让台湾，并开放重庆、苏州、杭州为通商口岸，台湾从此变为日本的殖民地，被奴化达50年。

日本参谋次长川上操六是日本针对中国情报机关的最高间谍长官，为了保证万无一失他亲自来到中国，对中国进行实地考察。他首先到达朝鲜，后乘船到中国烟台、天津等地，仔细地侦察了当地的地形，以及军队的作战能力、政府机关和地方风俗，从各个方面下手得到了第一手的情报。对于这一次实地考察，他对于当时的清政府有了更彻底的认识，腐败的官员、没有战斗力的士兵，通过种种分析和判断川上操六确信，如果中日开战日本必胜。

日本人在中国从事间谍活动，难道当时的清政府就无动于衷吗？对于日本人这么大的间谍活动清政府就没有采取任何措施吗？清政府对于日本的了解又有多少？很多有识之士对日本的间谍十分忧虑，晚清名臣张之洞曾上书朝廷，针对日本在华间谍提出很多建议。首先反对西方各国袒护日本间谍，其次对百姓进行安抚。很多中国人为了生计给日本人做事，这些人的家乡年年有灾荒，日本人以给他们钱和粮食或者许诺他们为日本人做事会得到好处，来控制这些中国人为日本从事情报工作。禁止日本人穿中国服装，日本人跟中国人长相一样，只是服装发式不一样，这样就能分辨中国人和日本人，他们想在中国从事间谍活动也就困难多了。这些建议被清政府采纳了，效果很明显，也破获了几起

李鸿章

间谍案件。但是破获几起案件改变不了大局，腐败的清政府从一开始，就不重视情报工作，日本处处得到先机，就连川上操六到中国来实地考察，清政府也给他大开方便之门。

李鸿章亲自接见了川上操六，对他热情款待，还请他参观了重要军事设施。日本人已经在为战争做准备了，清政府和官员们还在对日本人掏家底，这说明清政府对于日本情报工作做得相当差，根本不了解日本当局对中国的动向。而且在间谍问题上李鸿章的表现也是差强人意，他对日本在中国的间谍还进行袒护，清军抓获的日本间谍他不但没有严惩还放他们回国。清政府的腐败还使有些官员为了个人利益给日本提供情报，李鸿章的外甥张士珩在担任天津军械局总办时，为了牟利竟然盗卖军火弹药给日本军队。李鸿章的儿子李经方向日本军队出售大量的粮食。为个人利益，盗卖军火、粮食给日本军队，让敌人吃饱喝足后拿着枪来杀自己的同胞、侵略自己的国家，这些所作所为就是通敌卖国，在这样的大环境下，中方败局就已经注定。

日本对中国开战后，战争如日本人预料的那样，清政府没有丝毫还手之力。倾全国之力打造的北洋水师全军覆没，最后不得不赔款割地。清政府国力衰退使中华民族走向了深渊，日本在战争中得到赔款割地，使得他们的国力更加强盛，迅速成为世界强国。

战后，清军在日本俘虏身上找到一张地图，上面详细描绘了山东半岛的各处地势，小到一口水井大到各个炮台都画得十分清楚，可见日本人为此早已谋划多年。

第二章

军事将领秘闻

人类发展的漫长历史，看上去更像一部战争史。每一次人类文明的进步，都会经历一些战争，而战争的主角就是那些出类拔萃的统帅和将领。无论是代表正义，还是代表邪恶，历史都会铭记每一位影响历史的将领。特别是一些将领的秘闻、谜团和争论让他们更为神秘，也更引起了我们探索将领秘闻的兴趣。

居鲁士的死亡谜团

居鲁士只是一个小部落的首领，他以过人的军事才能和魄力建立起庞大的波斯帝国，一生充满传奇，但他的死因却像一团迷雾。

居鲁士时期，中亚和西亚有米底、吕底亚、巴比伦三个帝国互相争霸，居鲁士领导波斯人率先反抗米底帝国的统治。推翻米底帝国之后，吕底亚帝国想趁乱征服居鲁士刚刚建立的政权，居鲁士出其不意，主动出击，和吕底亚人决战于萨迪斯。通过血与肉的较量，最终居鲁士率领骁勇善战的波斯人征服了吕底亚。之后居鲁士并没有急于攻打最后一个帝国巴比伦，而是扫平了伊朗和中亚地区，到公元前 539 年，居鲁士集结大军，一鼓作气将巴比伦帝国收入囊中。至此居鲁士为波斯帝国打下了地跨亚、欧、非三大洲的基础。难怪居鲁士自豪地声称自己为世界之王。

英雄终究会离去，居鲁士的死因让历史学家至今一头雾水，后人根据历史的记载有三种不同的观点。

根据希腊著名历史学家色诺芬写的名著《居鲁士的教育》所述，居鲁士生命的最后时期是在皇宫中度过的，而且他是寿终正寝。色诺芬是颇具影响的史学家，他所记载的关于居鲁士的史料得到了一部分人的支持。

对此有很多质疑者提出反驳，理由是色诺芬太注重居鲁士的形象塑造，色诺芬竭力把自己的政治观点和治国理论加于居鲁士身上，使

居鲁士

巴比伦城

居鲁士的形象完美无缺，而忽略了他热爱战争、以武力征服其他民族的个性。因此色诺芬很可能在知道事实的情况下，扭曲了历史。

另一位希腊著名史学家希罗多德的记录与色诺芬正好相反。希罗多德所著的《历史》和《希腊波斯战争史》详细记录了第一波斯帝国的建立和居鲁士武力扩张的过程，特别是《历史》被誉为西方文学的开山之作。希罗多德所记载的居鲁士死于征服的战争中。居鲁士攻占巴比伦之后，又挥师北上，与中亚的马萨革泰部交战。马萨革泰部是一个勇敢善战的游牧民族。战争起初，居鲁士连连获胜，而且还杀死了该部落女王托米丽斯的儿子。丧子之痛彻底激怒了托米丽斯，她率领族人节节抵抗，发誓要报杀子之仇，聪明的托米丽斯采用了诱敌深入的策略，集中所有部队，将不熟悉当地地理环境的波斯人引入圈套，战场上血流成河，士兵们一个个倒下，太阳变成了红色，最后波斯大军全军覆没，居鲁士也死在了他热爱的战场上。托米丽斯女王将居鲁士的头颅割下，装入装满鲜血的皮革袋中，她对着上天愤怒地说："你喜欢饮血，就饮个痛快吧！"一代天骄就此陨落沙场。后来居鲁士之子岗比西斯继承王位，率军队为父报仇，抢回了居鲁士的尸体，安葬在帕萨尔加迪。

知识小链接

居鲁士出生的那一天，他的外公（米底帝国的国王阿斯提阿格斯）因为一个离奇的梦，就命大臣把他杀死，大臣出于胆怯并没有将居鲁士杀死，而是将他抛弃在荒野，居鲁士被过路的牧人收养，直到他成长为少年，才被送到外公的身边。居鲁士后来征服米底帝国，他并没有杀害他的外公，仍然以帝王的待遇让其颐养天年。

还有另一个关于居鲁士战死的说法，所述的内容是，居鲁士并非战死于与马萨革泰人的战争，更没有居鲁士被人割下头颅的情节。该观点来源于巴比伦僧侣的记录，以及希腊作家克捷西所著《波斯志》。

居鲁士之书

据这些文字记载，居鲁士扫平西亚和中亚的游牧部落后，挥军向东开始了征服印度的战争。在印度以西生活着斯基芬人、德比克人等部落，德比克人不甘被居鲁士征服，他们的国王阿摩拉欧斯联合印度，同印度组成了联军。印度军队配备了大象，从军事实力上讲，波斯人并不占优势。一次激烈的战斗中，居鲁士被印度士兵击伤了肝脏，战地环境恶劣，三天之后居鲁士不治身亡。军中缺乏主帅，战争处于劣势，在此危难时刻，斯基芬人支持了波斯军队，他们的援军和波斯大军一起对抗印度和德比克军队，经过殊死搏斗，波斯和斯基芬人胜利，最后将居鲁士的尸体运回。

关于居鲁士战死沙场的观点得到众多学者的认同，特别是近代苏联作家丹达玛耶夫，他支持希罗多德的观点，对克捷西所述的情节持怀疑态度，他认为克捷西所记述的内容很可能误信“传言”，波斯官方的史料记载的居鲁士东征印度的胜利很可能“子虚乌有”，而克捷西记录的波斯与德比克人的战争，其实是搞错了对象。在克捷西生活的时代，德比克人与马萨革泰为同盟，德比克人的势力要比马萨革泰人强大很多，所以克捷西认为，居鲁士是在跟德比克人作战。

时至今日，早已听不见将士们战场上厮杀的呐喊声了，时光将一切掩埋于黄土中，居鲁士大帝的生与死的传奇仍会流传下去，其中的谜团还需要时间去破解。

亚历山大的奇思妙想

亚历山大，连上帝都嫉妒的天才，他的一生都在战斗，13 年的时间纵横世界，世界上至今还有很多地方以他的名字命名。

公元 335 年，亚历山大率领 10 万马其顿军团抵达培利亚城。城内的将士和百姓经过短暂的恐慌，马上又恢复了秩序，一名手持盾牌的军官对士兵们说："放心，亚历山大想从我们伊利里亚人手中夺走培利亚城，恐怕到死他都摸不到我们的城墙。"

这位军官并非说大话，培利亚城地势险要，城墙建在险要的山腰上，地势易守难攻，况且城内粮食充足，亚历山大要想攻占此城绝非易事。但是年轻的亚历山大从来不会被困难吓倒，他安排大军在城外驻扎后，第二天就吹起了进攻的号角。

伊利里亚人早有准备，他们居高临下，用弓箭射杀进攻的骑兵，以滚石阻挡冲锋的步兵。就这样，英勇的伊利里亚人，轻易地化解了马其顿军团的第一次冲锋。经过短暂的准备，亚历山大再次命令军队向城墙发起进攻，勇敢的马其顿士兵冒着箭雨向前冲锋，不过结局再次以失败告终。

亚历山大没有放弃，一个月的时间里，他组织了十余次大规模进攻，鲜血染红了培利亚城的城墙，但僵局并没有被打破，伊利里亚人誓死抵抗，

亚历山大陵墓

亚历山大画像

城市还牢牢地掌握在他们手中。从出征开始，马其顿兵团从来没有遭遇过这样顽抗的敌人，补给即将耗尽，士兵们的斗志消沉，亚历山大感到了危机。

在军事会议上，多数将领认为应该撤军，等军队休整完毕后再来进攻，一位将军说：“如果得不到粮食，还待在这个该死的地方，我们有全军覆灭的危险。”多名将领也同意他的观点，亚历山大对众人说：“我们困难，敌人比我们更困难，他们害怕与我们正面交战，才躲在城中不出来，要战胜他们，就必须将伊利里亚人引出来。”亚历山大说服了众人，并且他下达了一个奇怪的命令：“所有军队出营，列队操练。”

10万大军，整齐地站在战场的中央，伊利里亚人统帅的神经紧张起来，他立刻下达命令，让所有人准备应敌，并且亲自登上城堡巡视，士兵的眼睛死死地盯着马其顿大军。这时马其顿军团的将军下令军队开始操练，士兵向后转，然后向前进，骑兵穿插于左、右两翼，场面甚为壮观。

亚历山大

很长时间过去了，马其顿军团没有一点进攻的意思，好像是在为敌人做表演。伊利里亚人放松了警惕，虽然他们不明白马其顿军团到底想干什么，但他们觉得已经不存在危险了，一些外围阵地的士兵为了能更清楚地看清马其顿士兵的“表演”，竟越出阵地，带着武器向前观看，士兵越聚越多，主帅并没有阻止他们。

就在此刻，亚历山大一声令下，所有的士兵向伊利里亚人发起了冲锋，快如闪电的骑兵马上就冲到了走出阵地的伊利里亚士兵面前，他们猝不及防，四处逃窜，外围防线被轻松地突破。城中主帅大吃一惊，马上组织士兵抵抗，亚历山大不给他们机会，在庞大的进攻面前，伊利里亚人退缩了，士兵们慌不择路地到处乱窜，主帅无法集结军队，马其顿军队一鼓作气冲入城中，占领了培利亚城。

知识小链接

亚历山大创建了地跨亚、欧、非的庞大帝国，可谓是前无古人，后无来者。但是这个帝国只维持了十几年，在其去世后，他的帝国被各位将军瓜分。历史学家认为亚历山大的最大贡献并非创建了当时世界上最大的帝国，而是打通了东西方文化交流的通道，使希腊文化同亚洲的印度、波斯等文化融合，为后世的文明打下了基础。

一个多月的攻坚战，竟然凭借一场军队操练而胜利，亚历山大命令士兵将伊利里亚人的主帅带到身边，他看到年轻的亚历山大并不服输，狡辩说：“如果不是我的士兵走出阵地，你休想取得胜利。”

亚历山大轻描淡写地说：“再勇敢的士兵，也抵挡不住好奇心的诱惑，我只不过利用了他们的这一缺点。”

历史学家和军事家对这场战役非常赞赏，亚历山大善于抓住敌军的心理，让长期处于紧张状态的伊利里亚士兵放松警惕，以好奇之心扰乱敌人，天才总能在困境中找到出路，亚历山大的奇思妙想正是高超的指挥艺术所在。

Part2 第二章

李自成兵败的原因

李自成是明末杰出的农民起义领袖，他的大军攻占北京，逼崇祯皇帝自杀，就在天下唾手可得之时，却在山海关败北，留下千古谜团。

“杀牛羊，备酒浆，开了城门迎闯王，闯王来了不纳粮。”这是明朝末年的真实写照，连年灾害，再加上官府的赋税让百姓苦不堪言，李自成率领的农民起义军，经历千难万险之后，终于节节胜利，占领陕西，定都长安，建立了大顺政权。接着他挥师东进渡过黄河后直逼明朝国都—北京，明朝200余年的江山岌岌可危。公元1644年3月19日，李自成率大军进入北京城，崇祯皇帝在煤山自缢，明朝灭亡。

一切都非常顺利，天下已经掌握在这个曾经只是一个小小驿卒的李自成手中，只要明朝前臣悉数降服，他就能开启新王朝的大门。吴三桂是李自成首先要降服的军事将领。起初吴三桂认为天下大局已定，李自成称帝，最明智的选择就是向李自成投降，以求富贵和官爵，在与李自成派来的使者商定好条件之后，吴三桂决定率众投诚。而历史的转折由此产生，吴三桂突然得知自己的家人受到李自成军队的迫害（传闻吴三桂的爱妾陈圆圆，被李自成的将领霸占。故有“冲冠一怒为红颜”的典故），受到如此的羞辱，吴三桂与李自成决裂，双方兵戎相见。

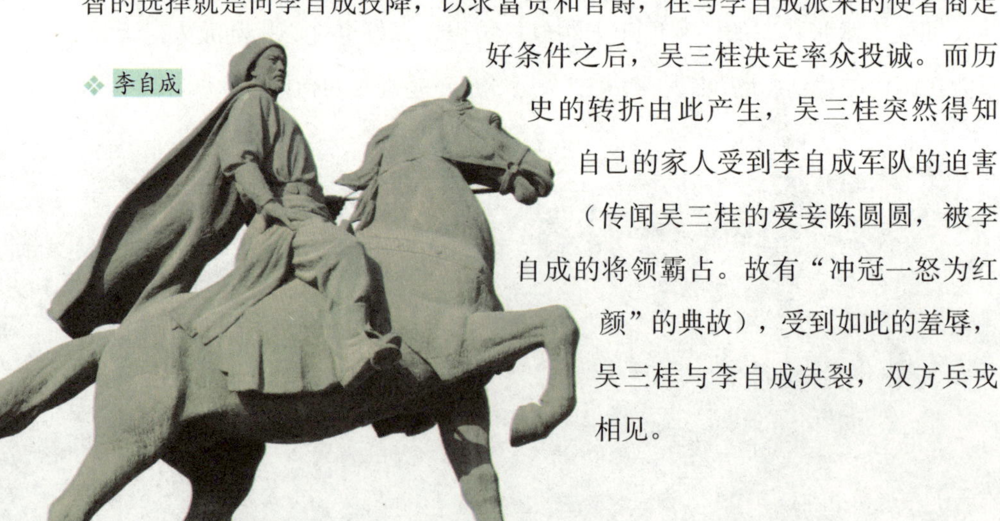
李自成

李自成之墓

公元1644年4月，是决定李自成命运的关键月份。李自成与吴三桂的军队在一片石（地名）相遇，经过两日的厮杀，吴三桂败局显现，但吴三桂并不死心，他竟然投降于满清政权。满清政府窥视中原的富足已经很长时间了，由于明朝组建的防线滴水不漏，虽然内部战乱不断，但满清政权始终不能跨越山海关，入主中原。现在有了这样的机会，清政府当然不会浪费，吴三桂引清军入关，在吴三桂和八旗军的联合夹击下，4月26日，李自成兵败逃回北京。李自成恼羞成怒，下令杀死了吴三桂的家眷，29日在北京慌忙称帝，之后逃出北京。

李自成与满清和吴三桂的角逐决定了中国的命运，李自成兵败，开启了清朝统治中国的时代。本应属于李自成的天下却让满人窃取，是天意，还是另有其他原因？拨开迷雾之后，人们从中找出一些历史的佐证。

第一，李自成骄兵为祸。李自成为收拢人心，让更多的人追随他，与明朝政权征收的重赋相比，他提出三年不征税的口号，短时间内收到奇效，百姓争相拥戴，起义军所到之处，人们夹道相迎。可是军队打仗需要粮食和军饷，这些补给从何而来？只能抢劫富户，当李自成率军占领北京城时，那些投降李自成的臣民就遭了殃。据记载，李自成的军队进京后，抢杀成性，甚至伤及百姓，富商和官员的财产大部分被他们抢夺。这必然激起了人们的反抗，这也是吴三桂投降满清的重要原因之一。在这样的条件下，京城人心不稳，百姓流离失所，后来李自成放弃北京，很可能是担心京城的百姓不拥戴他。

第二，李自成是一个意志坚定、作战有勇有谋的英雄，但缺乏政治头脑和统领全局的战略眼光。公元1644年正月，李自成已经在长安称帝建国立号，完全可以以长安为政治中心，派得力干将远征四方，可以说“闯王”的名号已经誉满四海，消灭明朝政权只是时间问题，而李自成亲自统领军队出征，一旦失败，那就非一城一地之失，建立的政权和根据地都可能拱手让与他人。李自成兵败回到北京后，不但没有吸取教训，反而上演了一出登基的闹剧，纵观中国历史，恐怕也只有李自成在一年时间内两次称帝了，这再次证明了他缺乏政治经验。

知识小链接

李自成给世人留下两个谜团，第一是死亡之谜，民间观点众多，出家为僧、被土匪打死、被人误杀均有。第二是巨额财宝之谜，李自成起兵多年，军队所到之处富户无不遭殃，再加上从北京抢劫的皇家财宝数目非常惊人，但是这笔财宝的去向至今无从查证。

第三，李自成骄兵必败。李自成从起义那天起，经历了无数磨难，最惨的时候，身边只剩下十几人，后来他又抓住了时机，迅速壮大队伍，最终他建立了属于自己的政权。此时天下已经没有人能阻挡李自成，特别是他占领北京城的那一刻，李自成的自满达到了极点，认为只要一旨诏书，那些没有降服的明军就会俯首称臣，即使有人反抗也不足为惧，当得知吴三桂起兵反抗时，李自成只带了 6 万余军队去讨伐。吴三桂有 5 万精兵，再加上地方部队有 8 万余人。李自成的确拥有卓越的军事能力，与吴三桂对抗两日，竟然占了上风，可惜李自成一心想着灭掉吴三桂，却忘记了满清政府已经派部队

绕到他的后方，人数达10万余众，敌我兵力悬殊的情况下，只能兵败溃逃。

第四，李自成虽然为一代豪杰，但却无法摆脱农民意识的影响。在李自成眼中，获得天下的意义在于得到天下的财富，有人认为李自成进京的真正目的并不是占领天下，开创新王朝，而是“大捞一把”，把京城的国库以及其他财富抢回长安，持这种观点的人在史书中找到了证据。据记载，李自成兵临北京城下，命已经投降的太监与崇祯皇帝谈判，条件是割让西北，封李自成为王，要赏银百万，受封后退兵。虽然李自成占领了北京，但是在必胜的情况下，还能派人去提出封王的请求，足见其志向。

李自成行宫

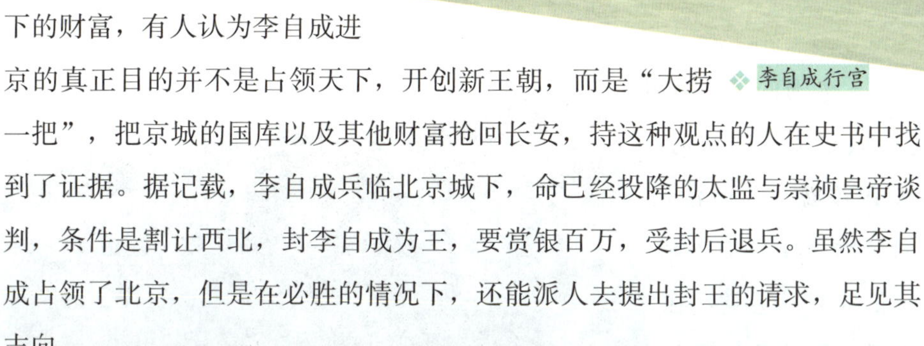

李自成家乡——米脂县

Part2 第二章

萨达姆为何沦为阶下囚

曾经的反美斗士，被誉为“沙漠枭雄”的原伊拉克总统萨达姆，却因美伊战争的失败被俘，最终被判绞行，为何萨达姆输得这么惨？

萨达姆沦为阶下囚

萨达姆的一生经历过太多的坎坷，从19岁热衷于政治运动开始，21岁加入阿拉伯复兴社会党，在之后的日子里，萨达姆经历了流亡、牢狱，甚至被判死刑。他有出色的组织能力，渐渐地从一个热血青年，成长为政治家。到1979年，萨达姆登上了权力的顶峰，成为伊拉克总统。萨达姆和战争结下了不解之缘，伊朗战争打了8年，随后又发动了海湾战争，直到在伊拉克战争中被俘。

严格地说，萨达姆是铁腕式的政治人物，他对待反对者从不手软，手段残忍、血腥，外交上从不向超级大国美国低头。美国布什总统上任后，发生了震惊全球的“9·11”恐怖事件，反恐成为美国政府的首要任务，布什政府采取先发制人的策略应对恐怖事件，美国将伊拉克划分到恐怖主义国家一列。随后美国政府声称伊拉克拥有大规模杀伤性武器，萨达姆毫不示弱，针锋相

知识小链接

美伊战争是一场非法的战争，在没有得到联合国安理会的授权下，以美国为首的利益联盟以萨达姆拥有大规模杀伤性武器为由，悍然侵略伊拉克。从2003年3月20日开始，至2011年12月18日美军全部撤退，9年中，美军没有找到任何大规模杀伤性武器，而在侵略期间曝光的美军士兵虐俘、滥杀平民、强奸等事件，让美国人在全球颜面扫地。

对。对于萨达姆来说，两伊战争、海湾战争他都挺过来了，美国人玩的“恐吓”伎俩是吓不倒他的。

2003年的春天对伊拉克来说并不意味着万物苏醒，春暖花开，在伊拉克首都巴格达，总统萨达姆发表电视讲话，他向全国人民呼吁誓死保卫伊拉克，捍卫主权，击败美英联军。3月20日这一天，旷日持久的伊拉克战争爆发了。

美、英两国都想速战速决，一开始就发动了大规模突袭，随后是陆地作战。战争开始之初，很多军事学家认为美英两国不可能在短时间内占领伊拉克。原因之一，萨达姆在伊拉克经营多年，其势力早已根深蒂固，并且伊拉克军队也是能征善战，经历过两场战争的洗礼，不会惧怕美英联军。其次萨达姆拥有近百万的国防力量，特别是拥有7个精锐师的共和卫队，他们不仅装备精良，并且誓死效忠萨达姆，而英美联军总兵力不超过20万。

然而事实让人大跌眼镜，仅仅3个星期，美军几乎没有受到任何顽强的抵抗，就顺利地占领了伊拉克首都巴格达，萨达姆和他的要员们集体失踪，号称精锐之师的共和卫队也去向不明。美国人非常幽默，搞了一个“扑克牌通缉令”，悬赏缉拿萨达姆及其党羽。

萨达姆画像

世界舆论一片哗然，到底美英联军采取了什么手段，让近百万的伊拉克国防力量如同摆设，萨达姆的豪言壮语怎么成了空话，他到底在哪里，想干什么？直到萨达姆被抓的那一天，事件才渐渐现出真相。

萨达姆

美国在战前就已经蓄谋已久，情报战、心理战，以及“美元战”（贿赂）为战争的胜利起到了关键作用。

美国的情报机构遍布世界，对于已经定性为恐怖主义国家的伊拉克，情报机构实力更强，间谍到处收集、收买情报，这其中不乏萨达姆所信赖的亲信，有些被策反的高级官员，向美国提供了大量极具价值的情报。美国的一位官员曾透露，在战争之前，美国甚至掌握了伊拉克高级官员的电话、电子邮件，连他们的出行记录都一清二楚，并且以此和官员接触。比如萨达姆在摩苏尔最后一次召开行政会议时，遭到了美国导弹的

袭击，虽然萨达姆逃过一劫，但这说明情报战中，美国先胜一筹。

美元比导弹更具有杀伤力，那些誓死效忠萨达姆的将军们，没有被导弹吓倒，却被美元收买了。战争发生后，美国提出投降条件的筹码高得惊人，数额惊人的美元存款，赦免高级官员的任何罪行，国外定居。对于中级和基层官员，美国人除了提供一定份额的美元之外，仍然让他们担任相应的职务，保护他们的财产和战争之后的安全生活。渐渐地伊拉克军方高官纷纷落马，萨达姆最为信任的特别卫队司令官提克里蒂（萨达姆叔叔的儿子，在伊拉克位高权重）也被收买，大批被收买的共和卫队将军采取了不抵抗的做法，难怪战争期间，看不到伊拉克精锐部队的任何抵抗。

其实忠于萨达姆的军队还是存在的，只不过他们受到美国心理战的干扰，美国军方以电视、广播、传单的方式不停地宣传萨达姆必败的信息，同时美国军方将伊拉克军队的服装（特别是军官级别）扔到通往巴格达道路的两侧，伊拉克士兵看到这些，斗志受到影响，在巴格达被攻陷的几天中，很多伊拉克士兵带着武器向美军投降。

综合上述，萨达姆兵败是必然，而他被俘也正式宣告萨达姆时代的结束。

伊拉克首都——巴格达

台儿庄战役幕后的秘密

台儿庄战役，打击了日本嚣张气焰，大长中华民族士气，随着历史资料的解密，人们发现台儿庄战役的背后，其实另有秘密。

抗日战争爆发后，日本依靠先进的军事力量，大举入侵中国。南京失陷，济南失陷，日寇叫嚣“三个月灭亡中国”，中华儿女饱受屈辱。1938年春天，日军矶谷、坂垣两大师团大举进攻，妄图占领徐州，想要打通津浦线。爱国将领李宗仁、白崇禧等临危受命，在台儿庄组织会战，抵抗日寇进攻。战役以中国军队的胜利告终，此战极大地鼓舞了中国军民的士气，沉重打击了日军嚣张气焰。台儿庄战役击毙日寇万余人，缴获大量物资。从表面上看，这是国民党正面战场的重大胜利，可随着历史资料的解密，人们发现，台儿庄战役的策划者和推动者却是周恩来。

周恩来

周恩来力促李宗仁

在抗日战争爆发后，国共第二次合作开始，中国工农红军改编为八路军。由于蒋介石战略上的失误，以及军事力量的差距，国民党组织的平津、忻口、松沪、南京四大会战，均以失败告终，日军长驱直入。面对国土大面积沦陷，周恩来心急如焚。在武汉，周恩来以中共中央代表的身份和李宗仁见面。

蒋介石辞去第五战区司令官的职务，由李宗仁担任。李宗仁对当前的局势也甚为不满，由于日寇的攻势非常猛烈，蒋介石嫡系部队几乎全部南撤，在他的防区内，大部分为地方武装和杂牌部队，面对如此艰难的形势，李宗仁也是一筹莫展。

周恩来抓住时机，向李宗仁详细阐述了共产党抗战的决心，他向李宗仁说："目前国共已经合作，全国抗日形势正逐渐好转，我认为应在第五战区打一场大仗，为中国军民争气，我们共产党愿意竭尽所能，全力支持贵部。"

接着周恩来正确地分析了当前的局势，指出蒋介石战略方针的弊端，李宗仁不停地点头表示赞同，最后周恩来说："从目前的形势看，以徐州为中心，在这个地方打一场大仗是非常有必要的。"

李宗仁对周恩来的观点十分赞同，他何尝不想在徐州打一场"争气仗"，一来可以打击日本人，二来也能在国民党中提高自己的地位，增加政治筹码。李宗仁仔细审视了第五战区的形势，杂牌部队武装落后，后勤得不到保障，日本人可是有飞机、坦克做掩护，并且武器先进，便有所顾虑。这件事他虽然赞同，但并没有付诸行动，随后李宗仁飞往徐州赴任，这件事情就被搁浅

下来了。

周恩来看到李宗仁迟迟不表态，他又想到了同属桂系的国民党将领白崇禧。白崇禧人称“小诸葛”，在国民党将领中能征善战。周恩来与叶剑英赶到白崇禧处，周恩来开门见山，向白崇禧建议以徐州为中心打击日寇的作战方案，他说：“日军以精锐之师进攻，企图占领徐州，打通津浦线的目标十分明显，我建议贵军应机动作战，避其锋芒，集中优势兵力，各个击破。”

白崇禧十分佩服周恩来的计划，下定决心要在徐州打一场大仗，并同意到徐州后力劝李宗仁。白崇禧走后，周恩来还是放心不下，于是安排八路军少将张爱萍作为中共特使亲赴徐州，再次当面向李宗仁陈述中共的意见。

张爱萍不负众望，在与李宗仁见面时，他借助国民党内部派系矛盾，以激将法让李宗仁抱定决心要在徐州“扬眉吐气”。然后点出李宗仁的优势：“桂军素来能征善战，连国民党的主力也不能与之相比，况且徐州地处咽喉之处，兵家必争之地，日军骄横，骄兵必败，他们不会想到我军会在此地与之会战。”李宗仁听了热血沸腾，此时他已经决定要在徐州与日本决战。张爱萍见任务已经完成于是回去赴命。

周恩来的“定心丸”

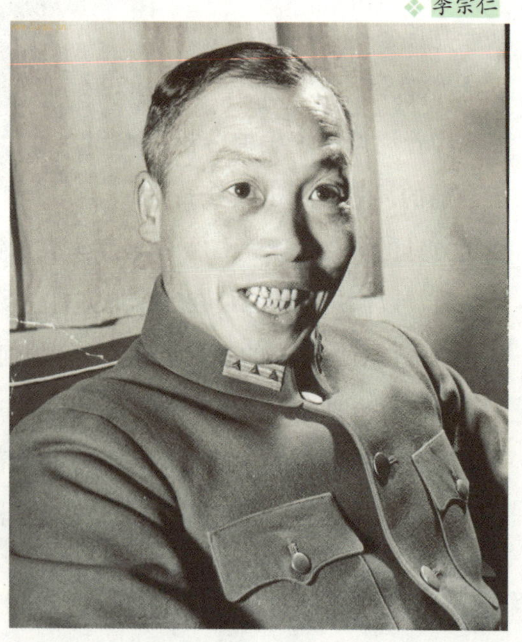
李宗仁

李宗仁着手安排徐州战役之事，白崇禧根据当前形势，感觉到了压力。日军的精锐师团，战斗力不可小视，白崇禧非常明智，他想到了策划战役的周恩来，于是白崇禧安排人迅速与中共取得联系，想与周恩来会晤。中共接到邀请后，马上安排周恩来、叶剑英赶往徐州与白崇禧见面。见面后，白崇禧向周恩来说出担忧之处，周恩来根据战情分析指出："日军矶谷、坂垣师团分两路夹击徐州，他们会师的地点肯定是台儿庄，会师后再向徐州推进。贵部在临沂虽然取得阻击坂垣师团的胜利，但此战并没有扭转战局，日本会师地点并不会改变，反而会加速进攻速度。"

> **知识小链接**
>
> 台儿庄战役虽然取得了重大胜利，但中国军队也付出了伤亡四万六千余人的惨痛代价。战斗中，中国军民誓死抵抗，面对日军强大的攻势誓不后退，子弹打完了就和敌人进行肉搏，白天丢失的阵地，晚上再夺回来，有些士兵的战刀都砍钝了。

"这样一来，台儿庄就成了战役的关键所在。"白崇禧说道。

"不错，矶谷师团并不会因此改变计划，我看矶谷师团必定孤军进犯台儿庄，正好在台儿庄好好地打一仗，不过台儿庄地势平坦，无险可守，必须用一支善于防守的部队布防，当敌人进攻受阻后，派出奇兵，迂回到敌人后方的峄县方向，从敌人后方发动进攻，就算不能全歼来犯之敌，也必定使之受到重创。"

"周公真有将相之才。"白崇禧由衷地佩服说。

"我会命令新四军张云逸部会同国民党李品仙、廖磊两个集团军协同作战，在江淮地区主动出击，阻击、牵扯南京方面的日军，防止其北上增援，这样徐州战场的日军就成为瓮中之鳖。"周恩来又说。白崇禧此刻已然吃下"定心丸"，在中国共产党的推动下，台儿庄战役取得了大捷。

Part2 第二章

罗斯福为什么要暗杀蒋介石

退休的美国将军多恩写了一本回忆录《和史迪威从缅甸走出》，书中披露了一个惊天秘密，罗斯福曾经决定要暗杀蒋介石。

1944年1月，史迪威将军（时任驻华美军总司令、中缅战区司令、蒋介石的参谋长）乘坐专机赶往昆明，他秘密叫来自己的助手多恩，向他口述了由罗斯福总统签发的一条特殊的密令："必须干净、利落、不留任何痕迹地除掉蒋介石。"

"这项任务代号为蓝鲸行动，时间为3个月，3个月后自动取消，事关重大，不能留下任何证据，除了你和我之外，只有参与制订计划的几名将军知道。"史迪威将军向多恩说道。

对此很多不解内幕的人产生了疑惑，作为亚洲战场的主要力量，蒋介石的作用非同小可，他所领导的国民党军队，牵制了大量的日军，与罗斯福总统所制定的"先欧后亚"军事策略并不相悖。到底什么原因让罗斯福起了杀心，要除掉这个重要的盟友？

历史学者综合了各种因素得出了以下几点原因。第一，蒋介石在战略方针上与美国背道而驰。蒋介石保存实力，消极抗日，想让美国和英国派军队支援中国。"卢沟桥事变"爆发以后，蒋介石仍固执地执行"攘外

知识小链接

蒋介石到底是什么样的人？这个问题很难评价，蒋介石执政时期，两次北伐、东北易帜，兵败之后退守台湾，但蒋介石从没有宣布台湾独立，在他心中，台湾和大陆是一个中国，这说明蒋介石在维护中国主权统一问题上是有贡献的，但是他妄想独裁统治，违背了中国人民的意愿而发动内战，也使其背上历史罪人的骂名。

必先安内”的错误策略，置中华民族的存亡于不顾，对日本采取避让和妥协，丢掉了东三省，却仍集结军队要彻底消灭中国共产党武装，这可能是罗斯福总统不愿看到的。美国从自身利益考虑，他们希望蒋介石把武装力量用于抵抗日本军队的进攻，为欧洲战场赢得时间。

罗斯福

蒋介石

第二，蒋介石在军事上并不完全合作，美国派遣了史迪威将军来华协助蒋介石抗日。罗斯福曾要求蒋介石将中国军队的指挥权交给史迪威，军人出身的蒋介石深知兵权的重要性，他拒绝了罗斯福的要求，给了史迪威参谋长的虚职。对于史迪威的建议，蒋介石要么敷衍了事，要么不予理会，对此罗斯福非常不满。史迪威也大为恼火，他曾对自己的下属说：“有时候我真想用力敲他的光头。”

1943 年举行的开罗会议，蒋介石与史迪威一同前往，罗斯福与史迪威会晤时，罗斯福就向史迪威明确表态：“如果你和蒋介石无法相处，不如干掉他。”

第三，中国社会矛盾日益尖锐，蒋介石的独裁统治，加之经济、政治体系的漏洞，使社会更加动荡不安，四大家族控制了中国的经济命脉，官员腐败日益严重，当时的百姓戏称国民党是"前线吃紧，后方紧吃"。使蒋介石的政府形象在罗斯福心中大打折扣，罗斯福曾有过扶持其他人为中国政府首脑的想法。

史迪威

在这些因素的影响下，罗斯福认为蒋介石已经成为美国在亚洲利益的重大威胁，于是让史迪威着手制订"蓝鲸行动"。

1943 年 3 月，多恩将军根据蒋介石计划访问印度的行程，准备实施暗杀行动。他的计划是：破坏蒋介石乘坐飞往印度的专机，当飞机飞越喜马拉雅山脉时，飞机发动机失灵，机上所有人员必须弃机逃生，而所有的降落伞早已经做了手脚，蒋介石与宋美龄都将在这一飞机失事事件中丧生。随后全世界的媒体都将报道中国领导人专机失事的消息。

史迪威将这一行动方案上报白宫，也许是天意，罗斯福迟迟没有签字。而在此时，因日军对中国大举进攻，蒋介石取消了访问印度的行程，3 个月的时限也已经过去，该行动自动取消。

喜马拉雅山脉

Part2 第二章

英国导演了苏德战争

第二次世界大战中期，整个欧洲只剩下英国在苦苦地抵抗德国的攻势，这时候德国竟然对苏宣战，其中的原因实在令人费解。

永远不要去惹俄罗斯民族！这是欧洲的诅咒，从历史上看，没有哪一个国家能够从俄罗斯人手中获得领土。远的不说，法国的拿破仑，德国的希特勒，他们的军队都进攻到了莫斯科，但结局都一样，他们的失败都是从莫斯科开始。纵观第二次世界大战各国的决策，历史和军事研究者非常疑惑，为什么希特勒在没有打败英国的情况下，就对苏联宣战？

丘吉尔的如意算盘

1939年秋，英、法对德宣战，战争的乌云笼罩了整个欧洲，疯狂的希特勒采用闪电战术，波兰、挪威、荷兰、比利时、法国、保加利亚、罗马尼亚、斯洛文尼亚等国相继沦陷，整个欧洲只剩下英国还在苦苦抵抗，德国的战机疯狂地轰炸着英国城市，这让丘吉尔十分发愁。从全球战场看，英国一个国家，与德、日两个军事强国对抗，只有招架之力，没有还手之功，必须获得外援，否则英国危在旦夕。

谁能够有力地支援英国？丘吉尔首先想

丘吉尔

到的是苏联和美国。战争需要实力雄厚的后勤做保障，德国所需的战争资源起初来源于苏联，有铁、粮食、棉花等。正因为如此，希特勒和斯大林签订了《苏德互不侵犯条约》。丘吉尔暗下决心："必须让苏联与德国成为死对头，这样英国才能获得生存的时机和空间。"

知识小链接

温斯顿·丘吉尔两度担任英国首相，被英国称为最伟大的英国人。我们现在预示胜利或庆祝胜利时，会做出"V"型手势，这个世界性手势的创作者就是丘吉尔。丘吉尔经常在公众场合鼓励民众抗击德国纳粹，每当他演说结束时，就会伸出V形手势，向人们展示英国必胜、德国必败的决心和气势。

要想打破两个国家的利益联盟并非易事，丘吉尔也明白这个道理，但丘吉尔有自己的如意算盘，他准备对两个国家同时下手，首先让希特勒和斯大林之间互不信任，随后再引诱两个国家发生冲突，直到爆发战争。丘吉尔的如意算盘能够实现吗？

挑拨离间

聪明的丘吉尔准备先从苏联下手，首先丘吉尔利用各种渠道与苏联频繁接触，吸引德国间谍，引起德国高层的警觉。达到效果后，丘吉尔向苏联透露了虚假情报，1939年4月，丘吉尔让英国驻苏联大使克里普斯向苏联递交了一份备忘录，丘吉尔声称，英国与德国之间的战争不可能拖太久，如果德国开出的条件合理，英国人有权与德国达成和平协议。

随后英国大使克里普斯借用各种场合，向苏联高层透露这样的信息："德国高层已经开始谋划与英国签订和平协议的条件，欧洲有可能恢复到战争之前的局势。如果此协议能够达成，德国就能腾出大量兵力，向东发展。"

不难看出，丘吉尔可谓用心良苦，他通过虚假

斯大林

情报制造出的假象等于告诉斯大林："现在在英国和德国打得不可开交时，如果你趁机攻击德国，将获得巨大利益，但如果你袖手旁观，英国与德国签订和平协议后，德国就会攻击苏联。"

对此，斯大林一点也不相信，丘吉尔的如意算盘落空了，丘吉尔并不放弃，他又准备采取其他行动继续挑拨德苏之间的关系，然而此时，意外发生了。

希特勒

希特勒上当了

德国人首先坐不住了，希特勒竟然相信了丘吉尔的"鬼话"，他认为丘吉尔与苏联频频接触，肯定在预谋着什么，而德国间谍将丘吉尔的行为理解为"英国正在和苏联达成协议，苏联有进攻德国的可能。"

希特勒本来就将共产主义视为不共戴天的政治仇敌，在其自传《我的奋斗》一书中，透露了对共产主义的仇视，他本来就不相信苏联，而此时苏联与英国眉来眼去，让希特勒起了疑心，经过周密的考虑，希特勒制订了入侵苏联的"巴巴罗萨计划"。

1941 年 5 月，苏联的间谍向情报机构送出一条极具价值的情报，德国在苏联边境集结了近 300 万人的军队，几千辆坦克和数千架飞机，德国将于 6 月 21 或 22 日对苏联发起进攻。

斯大林自始至终都不相信德国会入侵苏联，斯大林认为在欧洲战事没有解决前，希特勒不会轻易与苏联作战，况且有《苏德互不侵犯条约》做保障。"这可能又是丘吉尔玩的小把戏。"斯大林心里想。

1941 年 6 月 22 日凌晨 3 点多，急促的脚步声让斯大林从梦中惊醒，当助手告诉他："德国人轰炸了我们的城市，他们已经越过边境，侵略了我们的国家。"斯大林此时仍不相信这是真的，斯大林召开了紧急会议，幕僚们建议马上建立防御体系，命令部队进入紧急状态，随时准备开赴前线，斯大林沉思一会说："现在还不是时候。"到现在，他还不确定德国是否真的侵略了苏联。直到 10 天之后，德军长驱直入，斯大林如梦初醒，才向全国发表了抗击德国入侵的讲话。

希特勒的军队在苏联边境整装待发

虽然丘吉尔没能骗到斯大林，但是他"高超的演技"却让希特勒尝尽苦头，希特勒在苏联的伏尔加格勒吃了败仗后，又在莫斯科大败，从此一蹶不振。第二次世界大战发生转折，英国也由防御变成了进攻，因此，一些研究者认为，丘吉尔是苏德战争的导演。

Part2 第二章

铁血巴顿死亡迷雾

乔治·巴顿是第二次世界大战的杰出将军，也是美军最有争议的人物。他的个性惹人非议，他的意外死亡也给世人蒙上了重重迷雾。

1945年12月，第二次世界大战已经结束，巴顿有充分的时间度假，享受难得的休闲时光，作为声名显赫的二战将军，巴顿到哪里都会成为公众人物。有一天巴顿和朋友相约去打猎，他们乘坐的汽车通过火车栅栏后，车辆缓慢向前行驶，突然一辆卡车（驾驶员叫汤姆森）从左边快速冲过来，并且来了个急转弯，与巴顿的汽车撞在一起。

巴顿的车内共有三人，司机和盖伊将军都没有事，巴顿坐在后面，头部受到撞击后，流血不止，随后昏了过去。巴顿立即被送往最近的医院进行抢救，他苏醒后意识清醒，但全身不能动弹，经过医生的精心治疗，一周之后，巴顿的病情好转，所有人都觉得巴顿至少性命无忧。

巴顿

直到12月20日那天，巴顿的身体状况急转直下，医生用尽全力也没能留住巴顿的性命，21日黎明时分，一代名将巴顿去世，医生给出的死亡原因是心肌梗死。

巴顿曾经说过："一名将军最好的归途，就是在战场上被最后一颗子弹打死。"他并没有死在战场上，却因为一起意外的交通事故而离去。他的去世，引起了长达几十年的争论，多数人认为巴顿的死没有这么简单，这里面肯定有阴谋。

知识小链接

巴顿拥有多重性格，军事上他胆大，敢于冒险，桀骜不驯。虽然信奉宗教，却又亵渎神灵。他以铮铮铁骨的形象示人，而在家中却是一个十分温柔的男人，他与妻子十分恩爱，从不吵架，对妻子的话言听计从，让人不敢相信家中的巴顿竟然是一个绅士。年轻时的巴顿还以西点军校学生的身份参加过奥运会，并在击剑、马术项目中获得第三名。

这种观点并无中生有，巴顿死亡事件疑点重重。美国针对巴顿死亡的调查可以说是草草了事，作为一名身经百战为国家做出杰出贡献的将军，他们这样做过于轻率。于是很多人对此事进行了详细的研究，他们发现了许多疑点。

疑点一：负责调查此事的官员在报告上写道："两辆汽车司机不小心酿成车祸，是巴顿死亡的直接原因。"之后就没有下文，后来该官员写出两份关于巴顿死亡的调查报告，奇怪的是，如此重要的文字资料，美国官方声称丢失了。至于卡车司机汤姆森，从车祸发生那天起，就再没有出现过，好像从人间蒸发一样。

疑点二：巴顿的司机伍德林在调查过程中写过一份证词，该证词被篡改的痕迹十分明显，特别在用词上，伍德林没有受过高等教育，而证词用词缜密，以他的文化水平，不可能如此叙事。

巴顿

疑点三：现场人员的供词不相符。参与调查、救援的人在事后的回忆中提出了不同的说法，有人说巴顿出事之后患上了肺炎，这是他死亡的真正原因，还有人说巴顿死于中毒（外国特工所为）等。

综上所述，研究者得出结论，巴顿死于阴谋。但什么人要杀死巴顿？他们的目的何在？关于这些问题，各种传闻满天飞，在错综复杂的信息中，有以下几种猜测最让人们信服。

第一，愚昧的政治观点让巴顿丢

掉了性命。从某种意义上说，没有战争，巴顿就会感到世界毫无意义。欧洲战场胜利之后，全世界只剩下亚洲在打仗，巴顿多次要求到太平洋或到中国与日本作战，他的上级没有答应他的请求，这让巴顿满腹牢骚，他又管不住他那张到处惹是生非的“嘴”，尤其在公开场合，他曾多次发表对上级制定的策略不满的言论，这使他惹怒了高层。这并不是最主要的原因，巴顿对世界政治格局做出了错误的判断，他将苏联视为最大的敌人，认为此战不可避免，不如先下手为强，他甚至极力保护纳粹余党的军事力量，想发动一场将苏联人赶出欧洲的战争。这让所有的人感到不安，巴顿在军中威信极高，不能任由其发展壮大，于是美国高层策划了一起除掉巴顿的阴谋，并且成功地实施了该计划。

第二，纳粹的黄金害了巴顿。美国除了在欧洲战场一路凯歌外，还发现了德国纳粹多年来搜刮的大量黄金，虽然这只是纳粹的一部分财富，但也数量惊人，奇怪的是，这笔宝藏失踪了，人们推测美军的一些将领极有可能私吞了这笔财富，因此军方派巴顿调查此事，就在巴顿出交通事故的前几天，案件就要水落石出了，可巴顿的死亡使这个案件成为无头案，而那笔宝藏至今也没能追回，所以人们分析很可能是那些私吞黄金的人密谋杀死了巴顿。

巴顿铜像

第三，巴顿影响了美国大选，这是人们最为相信的巴顿死亡之因。巴顿个性鲜明，向来脏话不离口，经常藐视上级。功高震主的人往往没有好下场，况且巴顿藐视的人是艾森豪威尔。从军事角度分析，艾森豪威尔的战术指挥能力也许不如巴顿，但战略制定和协调能力远远高于巴顿，巴顿多次对艾森豪威尔制订的计划提出质疑和不满。就在艾森豪威尔准备竞选总统时，他的幕僚担心巴顿到时候乱说话，葬送艾森豪威尔的前程，权衡利弊，已经对艾森豪威尔构成威胁的巴顿必须死。这实际是一场巧妙的暗杀阴谋，据处理巴顿交通事故现场的人回忆，巴顿的头部和颈部的伤，很像橡皮子弹的伤痕。

战场上的巴顿将军

奥运会马术比赛

Part2 第二章

希特勒的血统之谜

希特勒是激进的种族主义者，他认为纯种的雅利安人是优秀民族，犹太人为劣等民族，但是希特勒却销毁了自己的血统资料。

希特勒从始至终一直鼓吹种族主义，以血腥残酷的手段镇压犹太人。在他统治德国时期，曾要求公民提供证明材料，在德国生活的家庭，三代之内如果有一个是犹太人，那么这个家庭就应视为犹太人家庭。而希特勒却没能拿出自己的血统证明，因为他不知道自己的祖父到底属于哪个种族！听起来非常可笑，哪有人不知道自己的家人是哪个民族的！这并不奇怪，要想了解希特勒的血统，就需要从他的身世讲起。

希特勒的奶奶名叫玛丽安·安娜·施克尔格鲁勃，家境贫寒，人到中年还没有出嫁。当玛丽安 42 岁时（1837 年）生了一名私生子，由于是私生子，这个孩子只能随母亲的姓，起名为阿洛伊斯·施克尔格鲁勃。这个孩子就是希特勒的父亲。

希特勒

阿洛伊斯一直和母亲玛丽安生活在一起，他 5 岁时，母亲终于出嫁了。玛丽安嫁给了一名叫约翰·格奥尔格·希德勒的流浪汉，生活依然贫穷，而养父约翰·格奥尔格·希德勒也没有为阿洛伊斯办理户籍手续，姓名也没有更改。

在这偏远的地方，或许改名也不是

什么重要的事情，况且对于一个流浪汉来说，日子能过一天是一天。约翰·格奥尔格·希德勒并不是一个负责任的男人，他经常独自一个去流浪，而阿洛伊斯一直寄养在流浪汉的弟弟约翰·奈波穆克·希德勒家中。

希特勒

在阿洛伊斯40岁那年，约翰·奈波穆克·希德勒为其办理了户籍手续，阿洛伊斯不用再背负私生子这个称呼了，在整理相关资料后，阿洛伊斯·施克尔格鲁勃正式更名为阿洛伊斯·希特勒（改名时故意将希德勒改为希特勒）。

阿洛伊斯·希特勒一生娶过3个妻子，他的第三任妻子是他的侄女克克拉（在这个偏远的地区，近亲结婚很正常），阿道夫·希特勒的母亲。1889年希特勒出生。

希特勒的身世，让人感到过于复杂。1942年，希特勒安排臭名昭著的党卫军头子希姆莱调查自己的身世，当所有材料交到希特勒面前时，希特勒下令把所有材料全部烧掉，他的身世至此成为谜团。为什么希特勒要烧掉关于自己身世的材料，这里面隐藏了什么秘密？

历史学家分析，希特勒叫嚣的种族主义使他必须隐藏自己的身世，因为他身上很可能流着犹太人的血。这听上去十分滑稽可笑，希特勒对犹太人一点也不手软，还将其定性

知识小链接

希特勒少年时期学习成绩并不优秀，他的父亲去世后，留了些钱给他，当时希特勒一心想成为艺术家，并且来到了世界艺术之都维也纳学习绘画，但两次考试都以失败告终。第一次世界大战爆发后，希特勒参军，并获得一枚铁十字勋章。后来希特勒在慕尼黑发动“啤酒馆暴动”，虽然失败，但使他全国出名，为自己的政治道路打下了基础。

为劣等民族，希特勒怎么可能有犹太人的血统？然而从蛛丝马迹的信息分析，这的确有可能。希特勒的父亲是私生子，那么希特勒的爷爷到底是谁？如果他的爷爷是犹太人的话，按照希特勒定义的血统规则，他就是犹太人。

据调查，希特勒的奶奶玛丽安由于生活贫困，曾在一个犹太人家庭中做佣人，犹太家庭的主人叫弗兰肯伯格，玛丽安的私生子阿洛伊斯，很可能就是她主人的骨肉。由此可见，希特勒必须销毁自己的身世资料，否则就会贻笑大方，甚至危及自己的政治前途。

不过也有人不赞同这种观点，一些人拿出希特勒的父母阿洛伊斯·希特勒办理户籍资料的材料，这些材料表示当时有三个人证明了阿洛伊斯是约翰·格奥尔格·希德勒的亲生儿子，由此推断，玛丽安与约翰·格奥尔格·希德勒早就私通，只不过约翰·格奥尔格·希德勒太穷，没钱娶玛丽安，虽然后来娶了玛丽安，也不愿办理相关手续，再说他后来外出流浪，失踪了近 30 年，也无法办理户籍手续。

还有人认为，希特勒销毁身世材料是为了尽量不让世人知道他是近亲结婚的产物，毕竟他的父亲与自己的侄女结婚才生下了他，在穷山沟里不算什么事，当希特勒已经是一国统帅之时，这些事情是难登大雅之堂的，说不定会成为反对他的人或者敌视国家的笑料。

希特勒去过的维也纳

希特勒怪异的性格

一个人的性格决定了一个人的一生，如果他是个领导人还会决定国家的命运，希特勒怪异的性格给人类带来了痛苦的灾难。

第二次世界大战中期，德军已经深陷苏德战争的泥潭，在欧洲开辟第二战场，登陆作战是大势所向，斯大林、丘吉尔与罗斯福都在极力促成此事，特别是斯大林，急需英美联军能在欧洲牵制希特勒的军事力量。美国军方高层在研究登陆地点和登陆时间上产生了分歧。有的人认为在 1944 年 5 月登陆最为适合，有的人认为 1944 年 8 月最为适合，多数人赞同 8 月登陆，因为在 5 月登陆有可能碰到希特勒的最低心理防线，担心希特勒会做出过格事情。

双方争执不下，连罗斯福也不能马上做出决定。既然是担心希特勒的心理底线，不如把希特勒的性格搞清楚再决定登陆作战时间，于是世界上最重要的一份心理性格分析报告诞生了，这项任务交给了美国军方情报机构，潜伏在德国的间谍们开始大肆收集关于希特勒的生活琐事，以及趣闻趣事。过了一个多月，关于希特勒性格分析的报告送到白宫。心理学家通过对希特勒的日常生活习惯和生活细节的分析，得出以下结论。

希特勒

1. 心理变态。希特勒没有完整的恋爱观，在他还没有登上德国元首宝座之前，他喜欢上了自己的外甥女，这是严重的心理畸形，这跟他的故乡近亲结婚的风俗有很大关系，这样的恋情并没有成功，他的外甥女最后自杀了。这使希特勒受到了严重打击，他的心理走向歧途，最终导致变态。

希特勒检阅党卫军

2. 外强中干。希特勒从来不把自己的身体暴露在外部，总是让衣服把自己包裹得严严实实，这说明希特勒想与所有人保持一定距离，在强悍、精明的外表下隐藏着恐惧甚至是懦弱的心理，特别在战争时期，这样的性格使希特勒背负着难以想象的精神压力。

3. 爱慕虚荣。希特勒对荣誉的追求达到了令人震惊的地步，他领导的第三帝国的确把德国带上了历史的顶峰，领土、经济、科技在全世界都处于领先地位，但是希特勒并不满足这些，在第二次世界大战后期，在军事力量准备不足的情况下，两线作战（欧洲与苏联），导致德国战线过长，兵力不足，并非希特勒没有想到这些，而是他太想得到更多的荣誉。另外希特勒一直秘密地“增高鼻子”，他认为鼻尖越高，越能在德国人面前表现出更强的自信。有这样的想法只能说明他爱慕虚荣的心理已经超出人们的想象。

4. 长期压抑。对于发动战争的头号战犯，按说他的欲望应该得到了满足，特别是获得全国民众的支持，在欧洲横行无阻。但是希特勒还有一个爱好，就是在深夜里坐车狂飙。在夜深人静时，柏林的街道上出现一辆防弹汽车风驰电掣般飞过，车上坐的就是希特勒，希特勒靠飞车来缓解压抑的心情。

5. 女性化。希特勒年少时经常遭到父亲的打骂，可以说他讨厌父亲的“阳刚”，年轻时排斥体力劳动，后曾热衷于绘画，想做一名浪漫的画家，而且对双手的爱护超出常人的想象，连女人也自叹不如。很多时候，希特勒与人会晤时会先观察这个人的手，如果他喜欢这样的手形，会与他多交谈，如果不喜欢，会马上离开。由此判断，希特勒的性格在成长过程中女性化，应该具有女人的多愁善感、偏执，甚至在别人的影响下没有主见。

6. 双重性格。希特勒狂躁、崇尚暴力，以独裁者自居，这是他给人们形成的表面假象，可是希特勒也有其温柔的一面。希特勒拥有自己的私人动物园，如果他得知自己动物园里的动物去世，他甚至会伤心得流泪，这样的人，竟然用残忍的手段屠杀成千上万的犹太人。希特勒很少对周围的人发怒，当他心情颓废或郁闷时，只要站在演讲台上，马上表现得活力四射。所以希特勒是一个拥有双重性格的人，有时是魔鬼，但也有其温柔的一面。

知识小链接

1945 年 4 月 30 日，苏军率先攻入柏林，在总理府的地堡中，希特勒与情妇爱娃举办了婚礼，然后开枪自杀，两人的尸体被焚烧，苏军找到了尸体，并向世界宣布希特勒的死讯。对于战争恶魔的死，一直存在争议，很多人认为希特勒逃出了柏林，美国还专门派人调查此事，但也没有下文。时至今日，希特勒肯定已经死去，这件事也无须争论。

这份报告起到了关键性作用，盟军最高统帅部判断，尽快开辟第二战场，只要以假象迷惑希特勒，以希特勒的性格不能及时做出准确的判断，希特勒一定会上当，不能理智地指挥在法国的几十万德军。

希特勒情妇——爱娃

1944 年 6 月 6 日，人类历史上最大的登陆战役“诺曼底登陆战”正式拉开序幕，美、英等国组成联军，海、陆、空部队总兵力近 300 万人，飞机数万架，战舰 6500 余艘，分五路向诺曼底海滩发起猛烈攻击，战役最终以盟军的胜利结束，德军从此节节败退，直到柏林被攻陷，至此希特勒名败身亡。

第三章

著名战役探秘

战争的结局左右了人类历史的发展方向，特别是决定性战争的起因和细节，是人们探索战争胜负的关键。谁打响了美国独立战争的第一枪？精心策划的猪湾事件为何会失败？希特勒的复仇梦是怎么破碎的？日本在战败时到底做了什么？……

美国独立战争中的第一枪

18 世纪后期，英国政府为了增加财政收入，变本加厉地对殖民地进行剥削和压榨，北美人民反英的怒火到了非诉诸武力不可的地步。

北美爱国人士相继成立了“自由之子”“通讯委员会”等秘密反英组织，并在全国各地抵制英货、赶走税吏、焚烧税票、武装反抗英国殖民统治。

约翰·皮凯恩少校

一系列的反殖民斗争引起了英国政府的极度不安，英国政府不断武装镇压反英组织。1775 年 4 月，反英组织侦察员得到情报，英军将前往康科德附近逮捕爱国活动组织者，并破坏他们的秘密军火库。于是，他们在离康科德 9 千米的小村庄——莱克星顿设下了埋伏。19 日凌晨，800 名全副武装的英国轻步兵在约翰·皮凯恩少校的率领下向莱克星顿进发。突然，他们发现在村前的草地上站着一队严阵以待的反英民兵。

“停止前进！”为首的民兵发出命令。

“别听他们的，冲过去！”皮凯恩少校命令英军继续前进。“砰”的一声枪响，双方展开了激烈的枪战。英军当即打死民兵 8 人，民兵也迅速还击。后来英军在进犯康科德镇时，又遭到了民兵更猛烈地袭击。

美国独立战

战斗一直持续到黄昏，英军死伤300人，民兵仅牺牲了90人，剩下的英军弹药耗尽，这一仗让他们第一次尝到殖民地人民铁拳的滋味。

莱克星顿的枪声震动了英国在大西洋沿岸的13个殖民地，美国独立战争从此开始。然而，究竟是谁在莱克星顿战役中开的第一枪，是英军还是北美反英民兵？是有意还是枪走火？历史学家们众说纷纭，莫衷一是，成了近代战争中的一桩谜案。

历史上一共有三种说法。

美国史学书籍坚持认为是英军开了第一枪。美国的历史教材也是这样描写详细过程的："英国兵逼近了，领头的皮凯恩少校吼道：'叛乱者，都让开，否则就统统打死你们！'民兵们坚定地站着，没有一个人后退，皮凯恩少校气急败坏地又重复了一遍命令后，就扣响了第一枪……"这一说法的根据来源于亲历这场战斗的民兵的亲口叙述。站在最前排的民兵约翰·罗宾逊回忆说，当时英军中一位指挥官下令开火，随后密集的子弹就射向他们，他们才开始还击，站在最前面的他也受伤倒在了地上。1775年4月25日马萨诸塞的新闻报道上，也发表声明说是英军指挥官先开了第一枪，然后，其他的士兵才纷纷开火。当时，民兵的指挥官约翰·派克的话得到14名民兵的连署证词，说他们只是要阻挡英军的道路，可是对方的指挥官却下令开火，他们才不得不开枪还击。1825年，已将近80岁的约翰·门罗在谈到他50年前亲历的这场战斗时说："对方的指挥官命令我们让开道路，我们不从，他就开火了。"

上述材料在英军首先开枪这一问题上众口一词，但在谈及是谁开了第一枪时，又各执一词，似乎有事先统一口径之嫌，不免令人心生疑窦，质疑其真实性。

第二种说法来自英国，与前者大相径庭，强调英军是遭到枪击后才进行的反击。英军中尉约翰·派克在日记中曾描述道：“我们的目标是康科德而不是他们，所以不想和他们战斗，可他们却挡住我们的路，而且还对我们开了火……”还有一位参加此次战斗的军官在陈述报告中写道：“皮凯恩少校两次命令叛乱者放下兵器让开道路，对方都不为所动，于是少校就下令士兵去收缴他们的武器，结果对方就先对我们的士兵开了枪，我们只有回击。”根据这两则材料，1775 年 6 月 10 日，伦敦报刊在谈到双方对峙中谁先开了第一枪时称：“因为英军受到叛乱者的伏击，所以皮凯恩少校不得不下令反击。”这两份材料在多年以后才公开发表，史学家们都认为日记是没有必要造假的。

这两种说法都没有得到当前史学家们的一致认可，因为这两种说法看似都有道理，但经过推敲又疑点重重。首先当时英军呐喊向前，嘈杂声中谁开了第一枪，确实很难分辨，事后追忆也难免不受政治立场和感情因素的影响，因此很难从一面之词中推断出谁开的第一枪；其次北美人民长期受殖民压迫，积蓄已久的怒火导致他们打响第一枪也是很有可能的。但毕竟这只是推测，还缺乏进一步的材料来佐证。

最后一种说法认为，无法确认究竟是谁在莱克星顿战役中开了第一枪。

在战斗中受伤被俘的英军中尉桑顿·考德，1775 年 4 月 25 日在马萨诸塞会议上陈述事件经过时说："由于力量悬殊，我们前进时，他们则选择了后退，但是在后退过程中枪响了，无法判断到底是哪一方首先开的火，因为当时双方距离太近了。"

同时，美国高校所使用的美国史教材《美国的历程》认为："皮凯恩带领着士兵行进到莱克星顿，发现了全副武装的殖民地民兵。他命令对方让开道路，民兵们缓慢撤离，但是突然一声枪响，战斗就此打响了。但这一枪是哪一方先打响的，是步枪还是手枪，是故意还是走火尚不清楚。"

还有的史学家更认为，在当时剑拔弩张的情况下，双方人员都处在高度紧张和亢奋中，擦枪走火也在所难免。因此要确定谁是始作俑者，确实难上加难。

我国有关史著认为是"莱克星顿的枪声"拉开了北美独立战争的序幕，而至于是谁开的第一枪，就让它成为一个永久的秘密吧！

知识小链接

在莱克星顿村镇的中心，有一座手握步枪的民兵铜像，这是在独立战争胜利后，美国人民为了纪念莱克星顿的战斗而铸造的。他们永远也不会忘记，正是这个小小村庄的民兵，为美利坚民族的独立奠定了第一块基石。因此，莱克星顿被人们赞誉为"美国自由的摇篮"。

莱克星顿民兵铜像

猪湾事件为什么失败

1961年4月17日发生的猪湾入侵事件曾震动了全世界，它标志着美国反古巴行动的一个高峰。这场由美国主导并支持的武装行动，最后以失败告终，这让美国丢尽了颜面。“猪湾事件”的很多细节一直充满神秘色彩，那么事情的经过究竟是怎样的？

1961年4月4日，当选不久的肯尼迪总统对前任总统艾森豪威尔批准的代号为“冥王星行动”的入侵古巴计划，做出了详细部署：派遣一支由1500名在美国中央情报局参加过特训的古巴流亡人员组成的队伍，在坦克、飞机等重武器的掩护下先行抢滩登陆，登陆成功后，开始向纵深挺进并且伺机占领各机关要地，然后再由美国人将古巴流亡政府人员空运回古巴，并由流亡政府领导人出面向美国政府请求援助，最后美国再出兵攻打卡斯特罗（古巴当时领导人）。

1961年4月17日，训练完毕的古巴流亡人员被编成代号为“2506”的突击旅，由尼加拉瓜的贝尔萨斯港出发，抢滩登陆古巴猪湾。为了支援“2506”突击旅入侵古巴，美国政府不但派遣了13艘登陆舰，还有多架轰炸机和运输机。然而，谁都不曾想到，这些全部接受过美式特训而且又拥有先进武器装备的战士所执行的行动，在短短的72小时之后就以失败告终。

肯尼迪总统

俗话说，历史是由胜利者书写的，但猪湾入侵事件却不是这样。虽然古巴政府成功地粉碎了入侵，但美国却大肆宣扬这次行动失败的原因是计划不周。

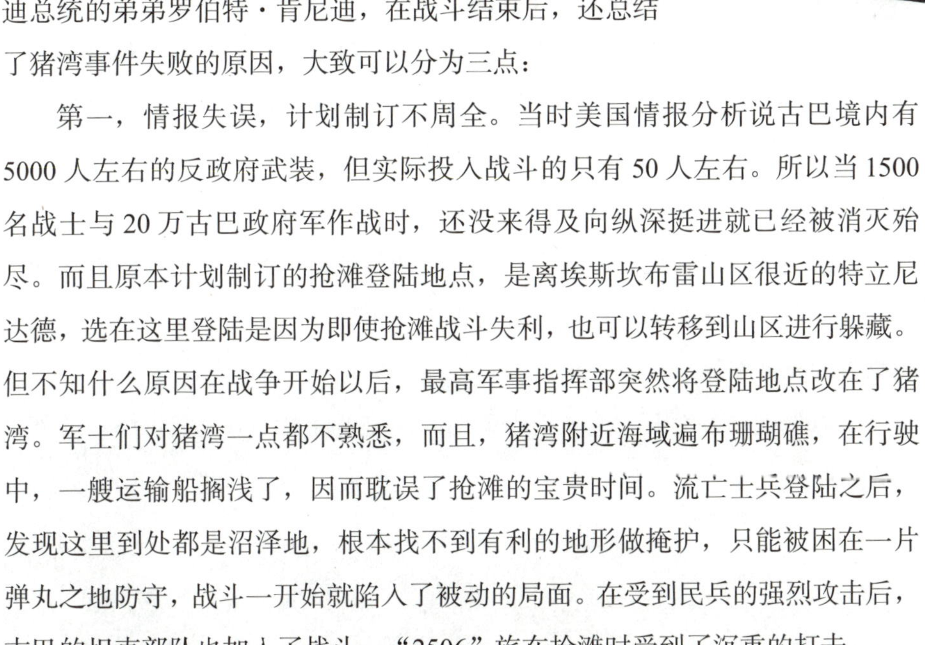
美国前总统肯尼迪和艾森豪威尔

当时的司法部长，也就是肯尼迪总统的弟弟罗伯特·肯尼迪，在战斗结束后，还总结了猪湾事件失败的原因，大致可以分为三点：

第一，情报失误，计划制订不周全。当时美国情报分析说古巴境内有5000人左右的反政府武装，但实际投入战斗的只有50人左右。所以当1500名战士与20万古巴政府军作战时，还没来得及向纵深挺进就已经被消灭殆尽。而且原本计划制订的抢滩登陆地点，是离埃斯坎布雷山区很近的特立尼达德，选在这里登陆是因为即使抢滩战斗失利，也可以转移到山区进行躲藏。但不知什么原因在战争开始以后，最高军事指挥部突然将登陆地点改在了猪湾。军士们对猪湾一点都不熟悉，而且，猪湾附近海域遍布珊瑚礁，在行驶中，一艘运输船搁浅了，因而耽误了抢滩的宝贵时间。流亡士兵登陆之后，发现这里到处都是沼泽地，根本找不到有利的地形做掩护，只能被困在一片弹丸之地防守，战斗一开始就陷入了被动的局面。在受到民兵的强烈攻击后，古巴的坦克部队也加入了战斗，“2506”旅在抢滩时受到了沉重的打击。

第二，没有空军保障是抢滩失败的一个重要原因。一开始，肯尼迪总统制订的突袭计划，是美国空军派遣3批40架次的B-26轰炸机，专门摧毁古巴政府40个军事目标。美国飞行员和古巴人共同驾驶这批被伪装成古巴空军飞机颜色的飞机进行轰炸。但是在实施阶段，肯尼迪总统却下令只能出动8架飞机。这是因为当时美国的轰炸行为受到世界舆论的谴责，迫于压力，美国取消了轰炸机摧毁古巴政府40个军事目标的行动。因此在受到武装入侵后，古巴战机及时投入战斗，炸沉了2艘载有弹药的运输船。限于国际战争条例的约束，美军的“博克塞”号航空母舰上的战斗机，也只能保护本国的飞机和船只，眼睁睁地看着入侵战争失败。

知识小链接

如果世界吉尼斯纪录中有一项是世界上遭遇暗杀次数最多的总统，那么这个人非卡斯特罗莫属。据古巴安全部门不完全统计，卡斯特罗被计划暗杀达638次之多，居各国领袖之首。卡斯特罗还曾开玩笑说，今天他还活着，完全是美国中情局的过错。

第三，也是最重要的原因，入侵计划没有保密。入侵计划早在一年前就已经制订，许多参战的流亡古巴人在迈阿密的酒店里吹牛，说他们将要参加入侵古巴的行动。另外，美国中央情报局还派了特工，企图在卡斯特罗经常出入的地方暗杀他，但是没有成功。有消息称这个特工是双面间谍，如果真的是这样，那么入侵计划应该早被古巴当局所掌握。除此之外，不得不说，自以为是的美国媒体也帮了卡斯特罗的大忙，《纽约时报》《时代》杂志都先后报道了美国参与训练古巴流亡人员的消息，而《时代》杂志更刊登了古巴反政府人员在机场的照片，再加上入侵前的破坏活动和从美国起飞的飞机轰炸，这些都为古巴报了警，从而让卡斯特罗有了抵抗侵略者的充足准备。

从以上这些方面看，美国精心策划的入侵事件最终以失败告终也就不足为奇了！

古巴猪湾

Part3 第三章

苏军秒杀日本关东军

1945年5月8日，德国宣布无条件投降后，苏联的视线逐渐转向远东地区，准备对日本发动全面攻击。

1931年中国东北沦陷后，日军为了永久性占领东北，在中苏边境大规模驱使中国劳工和战俘修建了很多军事要塞和防御工事。从东宁往北日军精心修筑了连绵几千千米的要塞群，其中有的地下坑道长几十千米，甚至还能够驾驶机动车辆从中穿过。

德国战败后，苏联秘密从西线抽调大批兵力和物资器材到中苏边境。为了逃过日军的侦察，苏军在运输上可谓是煞费苦心。越是离日军驻地近，他们越小心翼翼。为了不引起日军的关注，所有的物资都经过了特殊的伪装，并且白天只安排少数的运输车辆，真正的行动都是在晚上。为了稳操胜券，苏军在预定地点集合部队后就下令关闭了所有的无线通信设备，并严令士兵禁止外出。

日本关东军

1945年8月8日22时50分，苏联正式向日本宣战。次日凌晨，苏联三个方面军的部队跨越了中苏边界，强渡黑龙江，迅速击破敌人的堡垒要塞，各方面军的轰炸机对日军的重要军

❖ 苏军

事目标以及后方大的火车站和通信枢纽实施了集中轰炸。苏军主力采用闪电战术，深远迂回，绕过日本关东军的要塞和工事，切断了日军要塞部队和野战部队的联络。

8月15日，日本天皇宣布无条件投降。身在中国东北的日军军心瓦解，此后苏军对日本关东军的进攻取得了节节胜利。但是，在进攻的过程中，苏军也受到了顽强的抵抗。其中被誉为“东方马其诺防线”的虎头要塞，隔乌苏里江与俄罗斯相望，用时6年建成，易守难攻。尽管只有不足2000日军驻守这座要塞，苏军仍是久攻不下，遭受了很大的损失。苏军指挥官意识到强攻战术行不通，当即改变了战略战术。他一方面命令狙击手牵制住日军的火力点，点燃地道里的汽油，将地道引爆，使地道塌陷；另一方面，集中炮火向要塞出口进行强烈地攻击。几回合下来，除极少数日军侥幸逃脱之外，苏军几乎全歼驻地的日本关东军。虎头要塞战役也是苏军在与关东军作战时，打得最为艰难的一场战役，战斗一直持续到8月底，日军才完全缴械。现在的虎头要塞，依然可以看得到一座座坍塌的碉堡，淤塞的反坦克壕、交通壕以及错落的掩体。

1945年8月22日，日本败局已定，日本关东军最高司令山田乙三率领士兵向苏军投降。在开始攻打日军前，苏军最高军事指挥所曾做出一个预测，认为此次对日作战最快也要3个月才能结束战斗，然而，让所有人感到惊讶的是，战争从开始到结束仅仅用了13天。这正好满足了斯大林的愿望，用最短的时间一洗40年前日俄战争中沙俄失败的耻辱。占据中国东北14年，拥有精良武器装备的100多万日本关东军，依托有利地形和大量的防御工事，居然在这么短的时间就战败，确实有点不可思议。

事实上，日本关东军早就有对苏联作战的准备，甚至一度还拉出决战的架势，但是，日本关东军由于战略上的失误，不仅没有侦察到苏军的实力和动向，甚至连苏军可能进攻的日期也判断错误。7月正是东北雨季开始的时候，涨水的河流和大片沼泽地都是大兵团前进的障碍。日本关东军最高军事指挥处认为，苏军进攻之日应该是在9月东北雨季结束的时候。8月8日那天，东北一带雷电交加，大雨滂沱，当时日本关东军司令山田乙三受满铁总裁三浦的邀请正在大连看日本歌妓演出。就这样，在关东军没有任何防备的情况下，苏军开始发动进攻。苏军的攻击来势汹汹，日本关东军精心布设的阵线很快就土崩瓦解，而此时的日本关东军已经完全没有了斗志，纷纷逃命。原本想

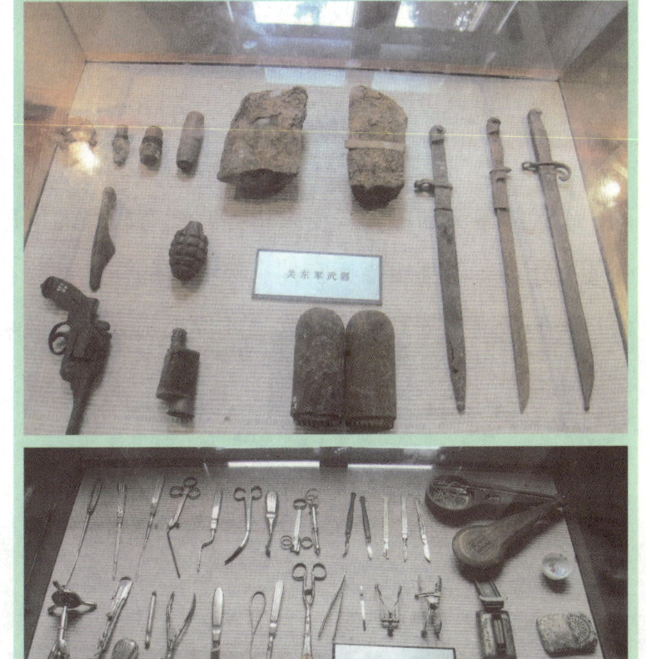

关东军使用的武器和医疗用品

象的日苏大决战竟然变成一场拼命追逃的游戏。苏军各个方面军的作战行动取得了节节胜利。如果日本关东军不麻痹大意，如果日本最高指挥部能及早地预测出战争的时间，对苏军稍加防范，那么他们也不会一触即败，溃不成军。

知识小链接

1904 年 2 月 8 日，日本与沙皇俄国为了侵占中国东北和朝鲜，在中国东北的土地上发动一场帝国主义战争，这就是著名的日俄战争。这场战争以沙皇俄国的失败而告终。

另一方面，当时苏军刚刚打败德军，苏军的士气十分高涨，可以说苏军是带着打败德军的余威横扫日本关东军的。而且当时欧洲可以说是现代机械战争的鼻祖，但是日本关东军却还停留在一战的老模式上。苏军在长期战争中形成了先进的战术思想，日军想用密密麻麻的工事牵绊住苏军并全歼苏军的想法成了泡影。日本关东军在处处战败的情况下士气低落，往日的威风已不复存在。在东北很多地方，他们都没有什么实质性的抵抗。这样的消极抵抗，即使让日本关东军拥有世界上最先进的武器装备，也是必败无疑的。当然，在一些日军要塞区，关东军也进行了殊死的抵抗，然而这些在没有后援情况下的负隅顽抗也是无济于事的。

现代战争灵活多变，要求指挥官拥有较强的可预见性和准确的判断和应变能力。苏军的高级指挥官拥有极丰富的作战经验和超强的应变指挥能力，而日军的最高指挥官却自以为是高枕无忧。这样说来，日本关东军被秒杀也是情理之中的。

日俄战争

是谁毁了希特勒的复仇梦

1943年，德军在伏尔加格勒战役失败后，希特勒就把转败为胜的希望寄托在“复仇武器”原子弹和大型远程火箭上。希特勒率内阁成员到皮奈蒙德视察时，将10月20日定为向伦敦发射火箭的日子。希特勒还对他的将领们说，只要坚持就能胜利，1943年底之前，伦敦将被夷为平地。

1943年8月17日夜，皮奈蒙德基地遭到了英国600架轰炸机突袭。这是英军一次有预谋的轰炸，他们将技术人员居住区作为了轰炸重点。730名与“复仇武器”生产有关的人员在这次轰炸中丧生，其中有2位举足轻重的人物——德国著名科学家提尔和瓦尔特。这次突袭打了希特勒一个措手不及，他被迫将试验基地迁到了波兰，造成“复仇武器”计划不能如期实施。

希特勒

如此机密的研究基地和复仇计划怎么会轻而易举地被破坏了？这还要感谢一位好心的德国科学家。

1939年11月4日凌晨，天空中还飘着鹅毛大雪。英国驻挪威使馆的一名警卫在巡逻时发现一个汽车牌照般大小的包裹躺在雪地里，这个包裹约8厘米厚，上面写的收件人是英国海军武官。

于是这名警卫迅速地将包裹交到了海军武官手里。武官打开包裹，在场的所有人都惊呆了，里面装的竟然都是德国武器制造的说明图表和文件，还有一张署名为“一个好心的德国科学家”的字条。武官无法确定这个包裹是不是德国人的圈套，于是马上把包裹交给了上级。

1939 年 11 月 9 日，英国空军科学情报处的物理学家琼斯翻阅着英国驻挪威使馆送来的包裹。这份报告让年轻的琼斯博士大为吃惊。这是军事技术情报中，有关夜间轰炸系统、德国新近研制的维尔茨堡雷达和弗雷亚雷达等诸多高度机密的资料。

在这份报告中，最让琼斯博士感兴趣的是“希特勒远程火箭计划”。报告中说德国正在波罗的海的皮奈蒙德岛试验发射大型远程火箭。这让琼斯博士很是兴奋，如果这是真的，那么他们就掌握了希特勒武器研制的核心计划；可另一方面，他又担心这只是德国人设下的圈套，专门诱使英国徒劳地去寻找根本不存在的大型远程火箭。一时之间，琼斯博士束手无策。

在这期间，不断有关于德国远程火箭的报告送到英国情报局，但由于各种情报来源的不确定，英国情报局一直将这些有关德国远程火箭的资料尘封着，直到 1943 年 3 月 17 日。

那一天，琼斯博士在肯辛顿宫廷花园一所专门用来审讯德国高级战俘的别墅里，监听到了两位德国高级将领的谈话，他们说曾参观过巨型火箭发射试验。琼斯博士将他们的谈话和以往有关大型火箭的情报进行了认真的比对

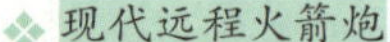
现代远程火箭炮

分析。终于，他揭开了压在心头四年的疑云。他用红笔重重地将“大型远程火箭”圈了起来。此时，这位年轻的博士终于证实那个包裹并不是个圈套。

原子弹和爆炸后的景象

事实上，希特勒当时暂时放弃研究原子弹的计划，集中精力研发大型火箭，并将其命名为“复仇武器”，按照德文“复仇武器”的第一个字母，最终将其定名为V1和V2火箭。

1943年4月15日，一份《关于德国研发大型远程火箭计划》的报告被转呈到了英国首相丘吉尔手中。丘吉尔马上意识到问题的严重性，于是派专人负责收集德国大型远程火箭的情报工作。一场英国摧毁德国“复仇武器”的大幕拉开了。

一次偶然的机会，英国情报局得到了一份可靠情报，是一份关于德国空军向其各实验站发放汽油配给券的名单。经过仔细分析，一个叫皮奈蒙德的渔村让琼斯感到很可疑——难道这里就是火箭的试验场？凭借对雷达的丰富知识，琼斯大胆推断德国人可能会用雷达来标定新火箭的弹道。

英国情报局不久后反映，德军派遣一支连队到波罗的海沿岸，开始标定火箭弹道，同时他们还得到了用低级密码发送的弹道数据。琼斯博士在对这些数据进行认真分析后，推算出了火箭的时速等性能参数，并根据雷达图标测算出火箭发射场的位置，这一位置正好位于距皮奈蒙德和赞宾沿岸数千米的地方。英国空军立即对皮奈蒙德这个小渔村进行了侦察。侦察照片上清楚地显示出皮奈蒙德的渔村有一枚德国远程导弹正装配在发射架上，这证实了琼斯博士的判断。

英国决定摧毁希特勒“复仇武器”的老巢——大型远程火箭发射基地，给它来个釜底抽薪，于是有了开始的一幕。在摧毁皮奈蒙德基地后，他们对所有与德军远程火箭有关的工厂、发射场、仓库和运输车辆等进行了一系列轰炸。在一连串打击下，希特勒被迫一再推迟使用他的“复仇武器”，直到 1944 年 6 月 12 日，德军才开始用远程火箭攻击伦敦，原计划第一天发射 1 000 枚，结果只发射了 10 枚，其中 4 枚在发射场爆炸，2 枚坠海，虽然有 4 枚击中了伦敦，但是并没有给伦敦带来很大的损失。

知识小链接

原子弹是核武器之一，是利用核反应的光热辐射、冲击波和感生放射性造成杀伤和破坏作用，以及造成大面积放射性污染，阻止对方军事行动以达到战略目的的大杀伤力武器。

最后，不得不说的是“好心的德国科学家”和年轻的琼斯博士毁了德国法西斯的“复仇武器”，挽救了伦敦成千上万条性命，使希特勒的阴谋诡计没有得逞。

英国伦敦

Part3 第三章

美军直升机折翼伊拉克

2003年3月20日，以英美军队为主的联合部队对伊拉克发动军事行动，伊拉克战争爆发。伊拉克战争似乎成了美军直升机的“坟墓”。

自2007年1月20日到2月8日，已有6架直升机在不到3周的时间里在伊拉克“死于非命”。据不完全统计，在短短几年中，美军在伊拉克战争中共损失54架直升机。被誉为“低空霸王”的武装直升机，因其具备良好的低空飞行性能和强大的对地攻击能力而著称。驻伊美军将直升机视为最有效的作战武器，前驻伊美军司令官还曾经说，直升机的战斗力可以抵得上100万美军士兵在伊拉克作战的能力。然而，令人意想不到的是，就是这些被视为宝贝的“低空霸王”恰恰变成了美军“软肋”。

美军直升机被击落的密集程度超越了美国最近打过的正规战争。面对武器装备落后的伊拉克反美武装，驻伊美军的直升机为何频频被击落？这是因为伊拉克反美武装在战斗实践中找到了美军武装直升机的命脉。

阿帕奇直升机

❖眼镜蛇武装直升机

从技术方面来说，武装直升机虽然功能先进，攻击能力很强，但是其本身先天不足，存在难以克服的缺点。首先是直升机飞得低，直升机飞行的最高高度也只有300米，如果直升机飞行高度在100米以下时，连机枪、火炮、火箭筒都能对其构成严重威胁。其次，直升机的速度比较慢，而且噪声还特别大。直升机的飞行速度每小时在300千米以下，再加上特别大的噪声，很容易被发现、跟踪和瞄准，然后集中火力射击。虽然美军直升机为了减少地面火力的反应时间，采取超低空掠房顶快速飞行的战术，但仍无法避免被击落。最后，也是致命的缺点，那就是自身防护装甲较弱。就武装直升机而言，它虽然增加了底部装甲的厚度，但是像防空导弹、火箭筒、机枪等只要口径大于23毫米的火器，均能将其击穿摧毁。特别是动力舱、螺旋桨、探测头、垂直尾翼、旋翼等直升机最薄弱部位，甚至一弹就能损坏。

曾经有一篇报道轰动一时。报道称，一名伊拉克农民用步枪击落一架“阿帕奇”。那是在2003年3月24日夜里，美军武装直升机机群和伊拉克正规军队发生了激烈战斗。美军派遣32架“阿帕奇”直升机准备攻击伊拉克共和国卫队“麦地纳”师。事先得到消息的伊拉克军方采取了熄灯灭火，然后让所有中小口径的炮火向空中扫射的战术，就这样，一架“阿帕奇”受损迫降被俘。美军直升机机群花了整整 3 个小时才逃出来，回到基地后，所有直升机均受到不同程度的损伤。其中有一名叫达夫尼的飞行员说，敌人从四面八方射来的子弹使他的飞机遍体鳞伤。伊军先设法利用红外线将“萨姆”“毒刺”等防空导弹锁定直升机发动机喷口，把直升机的飞行高度压低；然后在距地面 500 米时用火箭筒、枪榴弹打直升机的螺旋桨；最后在距地面不足 200 米时采用大口径机枪和自动步枪集中火力扫射，这样形成的弹幕会将直升机罩住。

除了这些，俄罗斯还发明了针对低空飞行直升机的反直升机地雷，这种地雷专门识别美国的“阿帕奇”“黑鹰”的声音，可自动寻找飞行高度 200 米以下，距离 2000 米以内的目标，然后从地面飞上天空直接将其炸毁。而且这种地雷价格也不贵，一颗不足 1000 美元。试想，如果反美武装在直升机航线或者是基地周围部署上 10 颗地雷，那么“低空霸王”被地雷摧毁的概率几乎可以达到 90%。

另一方面，反美武装采取了有效的战略战术。美军为了减少地面交通线的压力，采取了直升机渐次前行，为部队运送作战物资的“蛙跳战术”。反美武装紧接着把攻击重点转向低空走廊，一场对付美军直升机“蛙跳战术”的现代版“狼群战术”上演。

“狼群战术”是指一艘潜艇发现敌水面舰队，立即发信号，邻近水域的其他潜艇收到信号后，迅速赶来对目标进行集群攻击，打完后各自迅速撤退。这个战术是二战期间德国海军将领邓尼兹受狼群袭击猎物的启发而提出的潜艇战法。如今，反美武装采取的就是这样现代版“狼群战术”来抵抗美军的直升机。

首先反美武装利用美军直升机基地周围的居民实施监控。这些居民全天

黑鹰直升机

候24小时对美军直升机基地进行监控，只要直升机一起飞，这些人会立即向反美武装总部报告直升机的方向。紧接着，反美武装在美军直升机飞行沿线部署“毒刺”等防空导弹，专业“打机队”和配备轻武器的“辅打队”随时恭候命令。这些“打机队”24小时“战备”，一有消息就会在最短的时间聚集起来，对美军直升机进行攻击。还有许多农民和小镇居民也加入打击直升机的行列。他们平时在地里拿着锄头种地，但只要一得到飞机经过的通知，就立即拿起机枪、自动步枪开始战斗。

知识小链接

伊拉克位于亚洲西部，阿拉伯半岛东北部，与它接壤的国家众多，在南方是沙特阿拉伯、科威特，北方是土耳其，西北是叙利亚，伊朗和约旦各位于其东西两侧。

最后，反美武装采取即打即散，自由撤退的方式，让美军找不到据点。反美武装在战斗完毕后，立刻就回归到人民大众的生活方式。这种来无影去无踪的打法，让美军晕头转向，不知所以。

自从推翻萨达姆政权后，美军在与反美武装的交战中对直升机的依赖更是变本加厉。2003年5月以来，美军在伊拉克损失的54架直升机中大部分都是被伊火力击落的，其中还包括CH47“支努干”武装直升机和“黑鹰”多用途直升机。在这场伊美战争中，伊拉克成了美军直升机的“墓地”。

武装直升机在这场伊美战斗中的表现，让世界各国都在思考直升机在现代战争中如何生存的问题。

伊拉克

墨索里尼的“噩梦”

二战期间墨索里尼看见盟友德国顺风顺水，他也不甘寂寞想趁机“捞一把”，他把目标瞄准了埃及，这却成了他噩梦的开始。

墨索里尼的如意算盘打得非常精明，意军在利比亚拥有6个师的兵力，而在埃及英军只有2个师，并且此时英国处于手忙脚乱时期，英国本土要防御德国的轰炸和进攻，无暇顾及北非。主意打定后，墨索里尼便命令6个师从利比亚全面逼近埃及。

在墨索里尼看来，埃及是唾手可得的，他一直想恢复“古罗马帝国”的辉煌。1940年9月，军队奉命出发，墨索里尼笑着对身边的人说：“埃及是罗马帝国复兴的基石，我将带领意大利人重建罗马帝国。”他的兴奋没能保持太长时间，一个星期后前线的6个师不再前进，而是停下来建立防御阵线。

墨索里尼高估了意军的实力，据前线的电报称，部队需要补给，粮食、水和武器都不能按时到达，战线太长，后勤无法保障，在这样的情况下，只能停下来建立防线，防止英国人的进攻。“浑蛋，6个师竟然害怕英国2个师的进攻……”墨索里尼在办公室大喊大叫。

听到意军全线防守的消息，英国指挥官非常高兴，他正发愁如何保卫埃及，从意军进入埃及时，他就向英国大本营发出求救电报，但迟迟不见援军到来，如果意军真的发起进攻，他的两个

墨索里尼

墨索里尼和希特勒

师只有两条路，一条路是全军死拼到底，直至最后一个人倒下，另外一条路是投降。英军马上派侦察兵观察意军的阵地，让英军吃惊的是，意军的阵地毫无章法，阵地与阵地之间相隔距离很长，如果被攻击甚至无法互相支援。

“意军无论是指挥能力还是士兵素质都不如我军，看来打败意军应该不难。”英军指挥官心中已经盘算如何消灭意军。他和参谋们一起制订了巧妙的攻击计划，首先以演习的假象迷惑意军，让意军觉得英军只是在进行常规的军事演习，不会向他们进攻，利用埃及的意军间谍（很多意大利间谍已经成为双面间谍，只要给钱什么事都干）向意军发送假情报，进一步迷惑意军指挥官的判断，随后英军的两个师分成两路，分别从侧面攻击意军阵地。

两个月过去了，到了12月，无聊的意军成天没事干，既不向英军进攻，也不积极策划进攻，感觉像来埃及“度假”一样，意军很快为此付出了惨痛的代价，英军已经精心准备了两个月时间，12月底，英军的“演习行动”正式开始。

墨索里尼和希特勒

一开始意军就发现大量的英军无线电通讯

信号，并且马上向指挥部汇报，这些无线电内容是虚假信息，旨在迷惑意军，意军的指挥官早就接到间谍送来的“演习”情报，不以为然，认为英军开始演习了。意军竟然连侦察兵都没有派，英军随意行动，很快进入了攻击地点。

深夜时，意军阵地静悄悄的。随着英军指挥官一声令下，炮弹就像长了眼睛似的准确地落入意军阵地，随后英军的步兵和坦克配合进攻，意军一触即溃，全线向后撤退，整整 6 个师成了散兵游勇，乱成一团。

知识小链接

贝尼托·墨索里尼，1922 年至 1943 年为意大利独裁者，战败后，墨索里尼被游击队抓获，后被枪决，尸体被群众游街，在米兰广场示众。墨索里尼登上政治巅峰，完全是钻了“经济萧条”的空子，墨索里尼登台后又极力向外扩张，不过军事上节节失利，使他在盟友面前丢尽脸面，希特勒每当听到意军失利的消息，就会讽刺墨索里尼无能。

英军以 2 个师的兵力，俘虏意军 4 万余人，缴获无数军用物资，将意军赶出了埃及，有力地支援了欧洲战场，粉碎了墨索里尼的野心。

Part3 第三章

意想不到的战争导火索

战争往往都是由于利益、民族仇恨、政治分歧或者宗教等原因造成的，但有时候战争爆发的原因让人意想不到。

足球引发的战争

足球是世界上最火爆的体育运动，但足球能引发战争你相信吗？这样的事的确发生过，在第九届世界杯预选赛（1969 年 6 月）洪都拉斯与萨尔瓦多争夺世界杯入场券的比赛中，第一回合，主场作战的洪都拉斯队 1 ：0 小胜萨尔瓦多队，萨尔瓦多队的球迷非常不冷静，他们冲进球场，与主队球员发生冲突，事态越来越严重，连警察也无法控制，最后有 100 多人严重受伤，洪都拉斯的几名球员因受伤而无法参加下一次的比赛。一名 18 岁的萨尔瓦多队女球迷因球队输掉比赛，竟然自杀。这成为事件的转折点，萨尔瓦多为这个女孩举行了国葬。一场足球比赛的失利使整个国家陷入悲痛，渐渐地人们失去了理智，两国媒体互相谩骂，甚至两国总统的言辞也十分激烈。

第二回合到了萨尔瓦多队的主场，这次他们报了一箭之仇，以 3 ：0 大胜洪都拉斯队，不过在比赛开始之前，萨尔瓦多的球迷就表现出不理智的行为，“好好地修理洪都拉斯人”“把他们打残”等这些言论让洪都拉斯的球

足球的战争

员感到不安。球场中，萨尔瓦多队故意羞辱洪都拉斯队，把他们的国旗用一块破布代替。

比赛结束之后，两队已经进入战争状态。由于双方比赛没分出胜负，他们还要在墨西哥进行一场加赛，这次萨尔瓦多以 3 ： 2 战胜洪都拉斯，拿到了世界杯入场券，但悲剧也由此开始。赛后多名萨尔瓦多侨民在洪都拉斯被害，那些愤怒的洪都拉斯球迷见到萨尔瓦多人就打，老人、孩子、妇女也不放过。而萨尔瓦多也不示弱，立即与洪都拉斯断交，随后战争爆发。

一个军桶引发的战争

在意大利摩德纳市军事博物馆内，有一个十分破旧的军桶，就是这个军桶造成了意大利近 23 年的内战。这件事发生在 1294 年，当时博洛尼亚并不属意大利，它是一个独立的城邦，博洛尼亚的士兵经常逃跑到摩德纳。有一天又一个博洛尼亚的士兵逃跑了，不过他逃跑时带走了一个军桶，博洛尼亚的军官来到摩德纳军营，他说："对于逃跑的士兵，我们根本不在乎，不过他带走的军桶是属于我们的财产，必须还给我们。"摩德纳的军官对此不屑一顾。

博洛尼亚的军官回去后将这件事告诉了将军，对此将军认为这是摩德纳人在羞辱他，于是两方爆发了战争。最终摩德纳取得了胜利，所以那只破旧的军桶仍保存在这个城市。

一句假话爆发的战争

18 世纪印度成为英国的殖民地，1857 年 2 月，一名印度士兵口渴难耐，他拿着铜杯从水桶中取水，这时一名低等的下人用恳求的语气说："先生，能让我喝一口水吗？"

"开什么玩笑，你可是低等人，不能碰我们接触过的任何物品。"士兵高傲地说。

这个下等人受到了侮辱，也许是出于报复，他向士兵撒谎说："我是低等人，可我不用吃牛油和猪油。看看你们吧，你们的子弹上都涂了牛油或猪油。"

英国殖民时期的印度

这名低等人的话吓了士兵一身冷汗，因为印度军队中大多数是伊斯兰教和印度教的信徒，伊斯兰教不吃猪肉，而印度教不吃牛肉，猪油和牛油都属于禁忌食品，厨房在做饭时考虑到这些，军队的食物中没有跟牛和猪有关的东西。但英国人的子弹在使用时，必须用嘴咬开子弹壳。

士兵愤怒了，这是对他们最大的侮辱，这个消息一传十，十传百，假话变成了真的，相信的人越来越多，到了1857年5月10日，印度士兵将英国人赶出了军营，导致印度民族起义爆发。

一面国旗引发的战争

马尔维纳斯群岛（以下简称马岛）是英国与阿根廷存在主权争端的岛屿，在很长时间内，英国和阿根廷虽然都声称对此岛拥有主权，但双方都没有以此为借口发生战争。其实战争就像一颗定时炸弹，迟早会爆发，只不过差一个导火索。

马岛战争

阿根廷的态度首先发生了变化，1982年3月中旬，阿根廷某公司60余人在阿根廷海军的帮助下登陆马岛，英国人将大部分人阻止在海滩上，有十几个人躲过

英国人的围追堵截，成功登岛，并且将一面阿根廷国旗插在了海岛上。两国关系从此发生变化，双方在主权问题上互不相让，事件不断升级。

1982 年 4 月 2 日，阿根廷派军队占领了马岛，随即英国派出多艘战舰以及空军进攻马岛，马岛战争爆发，最后英国夺回了马岛，获得了战争的胜利。这就是因为一面国旗引发的战争——马岛战争。

知识小链接

引发战争的具体事件，一战的导火索就是萨拉热窝事件，二战的导火索是德军闪击波兰。

“耳朵战争”

18 世纪是列强瓜分世界的年代，西班牙和英国同属海洋霸权国家，他们在世界各处占领他国领土，搜刮财富，毫无掩饰地恃强凌弱，并建立各自的殖民地。两个资本帝国的碰撞也是在所难免。

1731 年，西班牙在其殖民地古巴截获了英国商船，西班牙的士兵竟然拿出匕首割下了船长的耳朵，船长痛得大叫。两国之间经常发生商船互扣事件，一般通过外交手段交点钱就能够解决，不过这次英国人愤怒了，在伦敦议会大厅，所有的议员大叫：“这是侮辱，必须让西班牙人付出代价。”随即英西之战爆发。

令人想不到的是，本来是英国和西班牙之间的战争，在两年之后战争不分胜负时，又牵扯到了法国、普鲁士、奥地利等国，成为一场混战，并持续达 17 年之久，历史学家称这场战争为“耳朵战争”。

马尔维纳斯群岛

Part3 第三章

揭秘日本最后的“挣扎”

1945年，战败的阴霾笼罩着日本，太平洋战场、亚洲战场上日寇已经溃不成军。疯狂的帝国主义分子怎会甘心失败？他们还要做最后的挣扎。

“魔鬼”部队

早在1936年，日本高层就在东北哈尔滨成立了“关东军防疫给水部”，这个名字也许中国人并不熟悉，但如果说“731部队”，我想每一个中国人都会刻骨铭心地记着它，这支部队被称为“魔鬼”部队，负责研究化学武器（细菌弹、毒气弹等），负责人是石井四郎。

日本对生化武器的研究走在了世界最前列，但他们的所作所为令人发指，“731部队”以活人为实验，在日本人眼中被俘的中国人、苏联人、朝鲜人，

关东军防疫给水部

石井四郎

都是实验品。靠活人实验，“731 部队”积累了大量宝贵的实验资料，为此他们研究出各种毒气弹、细菌弹等生化武器。

据统计，日寇从 1937 年开始陆续在中国战场使用毒气弹，随着战争的扩大，使用毒气弹的次数和规模也越大，特别是芥子气令当时的中国军队伤亡惨重。这种毒气对人的眼睛、呼吸道和皮肤有强烈的腐蚀作用，人吸入后会感到头昏、呕吐、全身不适，严重者皮肤腐烂、无法呼吸直至死亡。据不完全统计，日本毒气弹造成伤亡的中国军民数量不低于 10 万。

日军战败撤退时，为了掩盖罄竹难书的罪行，“731 部队”杀死了实验对象，将研究和生产化学武器的设备全部销毁，能够带走的带走，不能带走的烧掉、炸掉，最卑劣的是，他们撤退时将带有传染性细菌的动物释放，造成当地爆发瘟疫。石井四郎的目的很明确，将一切毁灭，将一切埋葬，不想让世人知道“731 部队”的存在。

随着时间的推移，根据目前公布的历史资料分析，“731 部队”所生产的化学武器数量十分惊人，如果将这些生化武器完全用于战争，甚至能毁灭

整个人类。特别是到了战争后期，“731 部队”制造各种化学武器的数量迅速提高，他们为什么要这么做？目的不言而喻，就是想利用这些化学武器，做最后的挣扎，他们梦想借此扭转战局，反败为胜。

美军的“幸运”

1944 年，太平洋战争如火如荼地进行，日本一败再败。中途岛之战胜利后，美军决定于 6 月 15 日发起对塞班岛的登陆作战计划，虽然受到塞班岛日寇的顽强抵抗，美军仍是按原计划登陆成功。就在此时，一封电报送到了司令官的手中，上面写着：“17 日晚，在塞班岛海域击沉一艘日寇潜艇，并俘获一名战俘。”

司令官心中想：“到这个时候了，一艘潜艇能挽救战局吗？日本人派潜

哈尔滨防疫给水总部旧址

艇来要搞什么名堂？”他立即下令审问战俘。不久，下属拿着一份审问报告来到了司令官的办公室，司令看完报告后大吃一惊，嘴里不停地说：“上帝保佑，我们真是太幸运了。”

据战俘交代，日本高层十分清楚塞班岛战败是迟早的事，日本本土也将面临威胁，为了阻止美军的攻势，日寇决定使用化学武器。被击沉的潜艇上是运过来的鼠疫菌，日本人会将鼠疫菌放到美军已经占领的地方，一旦计划成功，美军将大量死亡，战斗力自然会严重下降，日寇就能趁机反败为胜。

知识小链接

石井四郎于1959年在东京病逝，他一生罪恶滔天，却逃过了战犯审判。在审判战犯期间有人怀疑，石井四郎将多年来研究生化武器的资料交给了美国，条件是不受审判，美国同意了他的请求。但石井四郎极仍不知悔改，一直在秘密研究生化武器，直到死亡。

疯狂的石井四郎

石井四郎曾向日本大本营进言：“飞机、大炮、军舰并非最致命的武器，有时一只小小的跳蚤就能打败一个师。”他的话并非危言耸听，只不过日本高层对生化武器的观点仍较为保守。但是在战争后期就不同了，生化武器成了最后的救命稻草。

塞班岛战役日寇自杀冲锋尸横遍地

在日本战败的前两个月，为了阻止美军登陆日本本土，疯狂的石井四郎制订了一项攻击计划，石井四郎从“731部队”中抽调出二十名精兵强将，成立特殊作战队“夜樱花”。夜樱花的攻击目标是美国本土，他们将携带最新研

制的变异细菌，乘坐潜艇抵达美国的加利福尼亚海岸，随后释放杀伤力极大的细菌。夜樱花队员都知道此去是有去无回，因为这些队员都参与了细菌的制作，他们十分明白这种武器的威力。

石井四郎的计划被批准了，如果计划成功对美国是致命的打击。就在石井四郎准备让夜樱花出发时，美国的原子弹让日本无条件投降了，该计划最终流产。

据后来的日本军方文件透露，这并不是石井四郎第一次策划攻击美国本土，在 1944 年底至 1945 年 3 月，石井四郎命令细菌部队向美国本土释放了近万个“毒气气球”，这些气球上放置了大量跳蚤，它们都携带了鼠疫病菌。气球随着太平洋的海风吹到美国海岸，不过幸运的是，这些毒气不是被海风吹到别处，就是跳蚤不适应环境而死亡，最终该计划没能成功。

第四章

战场武器之谜

战争胜利的条件主要有高素质的士兵、高超的战略和战术指挥，以及先进的武器。无论是冷兵器时代，还是现代的高科技武器时代，武器都是决定战争胜负的关键因素之一。和平时期先进的武器主要起震慑作用，战争时期武器甚至能决定国家的命运。

冷兵器时代的远程利器——弓弩

弓弩是我国古代人民军事智慧的结晶，弓弩由弓箭演变而来，东汉末年诸葛亮发明了连弩，到了宋代弓弩已成为军队的主要兵器。

宋朝以步兵为主，在与擅长骑射的游牧民族厮杀时并不占优势，怎样能够有效抵挡骑兵的冲锋成为他们要解决的首要问题。在长期的战争中人们发现弓弩能够有效射杀敌人，并且能够抵挡骑兵的冲锋，于是在军队中大量配置弓弩，并且设立弓弩院、造箭院等机构研究和制造弓弩。不仅如此，宋朝在武将选举时，重要的考试科目就是拉弓，著名的民族英雄岳飞能拉开重 150 千克的强弓，足见其臂力惊人。

弓弩

在宋朝政权的大力支持下，中国冷兵器时代最强的武器诞生了，它就是神臂弩和床子弩。其中神臂弩的最远杀伤距离为 300 米，据史料记载，神臂弩长约 100 厘米，弦长约 80 厘米，携带方便，重量较轻。经过专业训练，宋朝军队使用神臂弩时分成三组，张弩、射弩和装弩，他们之间配合默契，第一组射完后，第二组弓弩手马上接替，以此循环发射。神臂弩威力强大，它射出的箭能够射透敌人的铠甲，让敌人闻“弓”丧胆。

诸葛连弩

床子弩的射程更远，可达到500米左右，堪称当时的远程“导弹”。但它也有缺点，体形较大，须配置多人操作，使用时至少十几个人拉弓。床子弩在进攻时作用不大，但绝对是防守利器。北宋真宗时期，辽国大将萧达揽率大军进攻河北澶渊（今河南濮阳），在宰相寇准的极力劝说下宋真宗御驾亲征，宋军士气大振，萧达揽为了挫一挫宋军锐气，亲率大军攻城，澶渊城宋军主帅命令士兵将床子弩抬到城墙之上，瞄准萧达揽发射，萧达揽中箭身亡，床子弩可谓“一箭成名”。

知识小链接

宋朝的神臂弩和床子弩是当时世界上射程最远的武器，包括后来以骑射取天下的蒙古人也自叹不如，蒙古人最强的弓箭射程只有50米，15世纪英国最强大的弓箭射程为180米左右。随着历史的发展，到了明朝弓弩逐渐退出了历史舞台，而代替它的是火器。

宋朝军队作战时步兵持枪、刀位于军阵的最前方，后方就是弓弩阵形（弓弩手、神臂弩、床子弩等），在当时这是十分合理的军队战型。当敌人向宋军冲锋，进入弓弩的有效射程后（300米左右），宋军万箭齐发，先抑制住敌人的冲锋速度，大量杀伤敌军先锋部队，然后步兵再与之肉搏。

既然宋军有此利器，为什么北宋会灭亡，宋朝军队会如此不堪一击呢？说到底这是一个质量问题。宋朝前期拥有先进的武器，但皇帝昏庸无能，导致管理机构混乱，官僚腐败，致使武器质量严重下降。宋朝当时的弓弩院有1000多人，日生产弓弩达上千架，如此数目装备宋军是没有问题的，但是弓弩的质量差到极点。有一次宋神宗到弓弩院检查武器生产工作，随意让太监取来三张神臂弩，宋神宗比画几下之后，有一张弩的弦竟然扯开了，随后又试另外两张，都有不同的质量问题，拿着这样的武器能打败强悍的敌国骑兵吗？宋神宗气得直摇头。

床子弩

Part4 第四章

最早的导弹干扰器

纳粹德国在使用导弹时，世界上还不知导弹为何物，德国使用 HS-293 制导导弹袭击盟军舰艇后，导弹“干扰器”诞生了。

第二次世界大战时期，德国对导弹的研究走在世界的前沿，世界上第一枚导弹为德军研制的 V-2 导弹，第一枚反舰导弹为德军研制的 HS-293 制导导弹。战争后期，德军已显现败相，但希特勒不会轻易地认输，他手中还有“秘密武器”。在他的命令下，德军轰炸机开始装载 HS-293 导弹，当时号称“空中鱼雷”。

HS-293 导弹重达 500 千克，弹体内部安装无线接收器，能够接收无线控制信号，可以说，只要在无线信号的接收范围内，德国可以攻击任何指定的目标。德军想利用这种新式武器，攻击海洋上的盟军舰艇和商队。

在 1943 年 8 月底的一天，两架德国轰炸机发现了停靠在比斯开湾（位于北大西洋东部，法国与西班牙之间的三角形海湾）的英国巡洋舰“白鹭”号，攻击随即开始，轰炸机向“白鹭”号发射了 4 枚 HS-293 导弹，当时的船员根本没有见过这种武器，推测这是德国人研制的新式武器，不知道威力如何。很快船员们就吃到了苦头，因为这些导弹就像长了眼睛一样向“白鹭”号扑来，其中 1 枚 HS-293 导弹准确地击中了“白

❖ HS-293 导弹

❖ 德军

鹭”号的甲板，瞬间巨大的爆炸声响起，之后“白鹭”号冒出滚滚浓烟，没过多长时间，这艘英国主力巡洋舰沉入了海底，近200名船员遇难。HS-293导弹首战告捷。

随后的时间里，德军的飞机往返巡逻于比斯开湾，这可害苦了英美军舰，几个月来，英美军舰多次遭到德国空军导弹的袭击，损失惨重，照此发展下去，英美海军将失去优势，战争局势也将发生变化。“必须搞清楚德国人用了什么武器！”英国海军指挥官愤怒地说。

❖ 二战德军和被 HS-293 击毁的飞机

为了搞清楚德军先进武器的原理，英国海军派出多名科学家赶赴比斯开湾，科学家并没有亲眼见过这种武器，于是英国海军司令部上演了一出“引蛇出洞”的好戏，司令部命令第二舰队负责引诱德国空军攻击，攻击时让科学家们近距离观察武器，并利用当时世界上最先进的分析仪器，分析HS-293导弹的工作原理。

没过多长时间，德国人就发现了在比斯开湾“闲逛”的英国舰队，德军很快对该舰队发动攻击，有了之前被攻击的经验后，英国舰队指挥官迅速做出反应，巧妙地避开了德国空军的第一次攻击。科学家们看到了导弹攻击的整个过程，但是他们没有找到导弹攻击的原理以及应对方法，因为所有的仪器对这种新式武器都没有任何效果。

导弹之父冯·布劳恩

舰队指挥官沃克坐不住了，他心里非常清楚，德军这种武器攻击精确，威力大，在没有找到克制它的办法之前，只能选择逃避，稍微不慎，军舰就可能被击沉。经过今天的尝试，破解的方法不容易找到，而他的舰队还得再一次担当德国空军“靶子”的角色。于是沃克找到负责此次任务的科学家说：“你们必须在德国人把我们击沉之前，找到克制它的方法。”而科学家们此时正埋头苦想，丝毫没有头绪。

最让沃克担忧的事情发生了，有一天“野鹅”号按照命令在海湾中巡航，德国空军发现它以后立即发射了两枚 HS-293 导弹，“野鹅”号指挥官根本无法躲避，眼看导弹就要击中它，而“野鹅”号身边的其他舰艇眼巴巴地看着没办法。就在这关键时刻，两枚导弹不知道怎么回事，攻击方向突然发生了改变，好像放了气的气球一样乱窜，然后一头栽入海水中。科学家的反应速度非常快，他们立刻想到一定是什么东西干扰了导弹攻击的精确度。

德军的飞机飞走了，科学家马上询问惊魂未定的“野鹅”号上的船员：“在导弹攻击时，你们都在干什么？”在各式各样的回答中，科学家并没有找到理想的答案，有一名科学家说：“是不是在‘野鹅’号周围战舰上有什么东西干扰了导

电动剃须刀

弹？”于是科学家又把目光转移到其他战舰上。

终于在“野鹅”号旁边的护卫舰上，科学家找到了答案，原来一名军官在导弹攻击时正在用他的电动剃须刀刮胡子。这个意外的举动竟然救了一艘战舰，科学家分析，一定是电动剃须刀的电磁干扰到了导弹的无线信号。沃克开始不相信这是真的，验证的时间并没有等太久，由于第一天德军并没击沉“野鹅”号，随后德军派出一个中队的飞机搜索它，英国海军也有意让德国人找到他们，英军的战舰故意向德军的集结地靠拢，没过多长时间，几架德国飞机发现了他们，并向他们发射了导弹，科学家们打开事先准备好的四个电动剃须刀，一向精准的导弹这下全部失灵了，像无头苍蝇一样乱窜，最后都偏离目标沉入海底。世界上第一台导弹干扰装置竟然是一个电动剃须刀，战争中真是什么事情都有可能发生。

知识小链接

导弹技术来源于航空技术，导弹之父冯·布劳恩是第二次世界大战时德国著名的火箭专家，由于他不想将该技术用于战争，受到纳粹的迫害，德国战败后辗转来到美国，并且负责设计了“阿波罗 11 号”登月飞船的土星号火箭，顺利地将飞船送入外太空。

阿波罗 11 号

“无敌舰队”究竟是怎样覆灭的

16世纪下半叶，老牌殖民帝国西班牙在和葡萄牙的争夺中屡屡得手，吞并了葡萄牙的许多殖民地，势力范围遍及欧、美、非、亚四大洲，掌握了欧洲同东方和美洲贸易的垄断权。

殖民掠夺和海外暴利为西班牙带来了巨大的财富，也埋下了隐患。当权者们尽情享受奢侈糜烂的生活，他们不关心经济生产，只知道对工商业征收重税以满足豪奢的需要。这样西班牙的工商业很难和海外竞争，贵族手中的金钱又不用来使资本增值，全用于向国外购买奢侈品，导致西班牙的经济逐渐衰落下去。另外，西班牙国内的政治和宗教保守势力也是西班牙逐渐走向衰败的缘由。大贵族中有许多人从事牧羊业，大大破坏了农业生产。天主教的宗教裁判所大肆迫害新教徒和伊斯兰教徒，导致西班牙人口在16世纪到17世纪初，不仅没有增加，反而减少了300万。

苏格兰女王玛丽躲避叛军搜捕

与西班牙的江河日下相比，这时的英国则处于蒸蒸日上的状态，它通过圈地运动、血腥立法、海外掠夺，特别是把海外贸易与赤裸裸的海盗行为结合在一起，得到国王支持并获得了迅速发展。

英国的扩张，自然是西班牙所不能容忍的。起初，英国的力量相对薄弱，只能采用海盗方式，拦抢西班牙运送货物的船只，骚扰西班牙的美洲殖民地。这引起了西班牙国王腓力二世的强烈不满。开始时腓力二世不想诉诸武力，而是想通过宗教力量来解决问题。腓力二世是一个天主教帝国的坚决推崇者，极力反对在欧洲宗教改革中产生的新教。于是腓力二世勾结英国天主教势力，企图把信奉天主教的苏格兰女王玛丽扶上英国王位。玛丽早在1568年就因苏格兰政变而逃到英国，遭到英女王伊丽莎白一世的长期囚禁。因为伊丽莎白支持新教，所以英国天主教势力不承认她是合法女王。1587年腓力二世在英国组织颠覆活动，怂恿英国的天主教徒谋刺伊丽莎白而另立玛丽。然而东窗事发，伊丽莎白乘机处死了玛丽。

伊丽莎白一世

残酷现实使英国认识到：要实现向海外扩张的目的，必须击败西班牙，摧毁它的强大舰队。伊丽莎白女王决心全力发展一支强大的海军，同西班牙争夺海上霸权。从16世纪60年代开始，英西两国的海上争斗日益增多。到1587年，英国在其海军实力加强以后，终于向西班牙发起海上进攻，爆发了争夺海上霸权的英西战争。发生在1588年的英西海战，是决定战争胜负的关键之役。

1588年5月，为了让英国领教一下海上霸主的厉害，腓力二世命令梅迪纳·西多尼亚公爵率领一支“最幸运的无敌舰队”从里斯本出发，命令他与集结在属地尼德兰(相当于今天比利时、荷兰、卢森堡及法国东北部地区)港口的陆军运兵船会合，尔后掩护陆军横渡多佛尔海峡到英国登陆，以便在英国本土实施进攻。舰队共有舰船134艘，船员和水手8000多人，摇桨奴隶

2000多人，船上满载2.1万名步兵。显然，腓力二世是想利用西班牙步兵的优势，运用传统战法，冲撞敌舰，再强行登舰后进行肉搏，然后夺取英国船只，经英吉利海峡直捣伦敦。然而，“无敌舰队”存在着的致命的弱点，在当时却没有被西班牙统治者注意到：战舰体大笨重，船身像楼宇一样高耸，航行较为缓慢，且极不灵活，在使用火炮的战斗中，容易被敌人击中。

无敌舰队和德雷克爵士

英国对于西班牙的军事动向早就一清二楚。女王伊丽莎白一世为了迎战，已将皇家海军、各大船主、商人以至海盗们的舰船统统集中起来，共有舰船197艘，水兵14,500人，步兵1500人，组成强大舰队，任命霍华德勋爵为舰队司令，以海盗出身并有丰富的航海经验和作战指挥能力的德雷克与霍金斯分任副司令。英国的战舰性能虽不如西班牙，但由霍金斯做了改进，船体小、速度快、机动性强，而且火炮数量多、射程远。这种战舰既可以躲开西班牙射程不远的重型炮弹的轰击，又可以在远距离对敌舰开炮，以火炮优势制胜。西班牙的“无敌舰队”出师不利，出发不久即遭风暴袭击，被迫在拉科鲁尼亚港避风和补给。由于舰队在航行时队伍太长，加上组织指挥不善，竟有近一半的舰船被惊涛骇浪冲散或触礁沉没，以至6天以后，

英西加莱海战战船

还有 33 艘战船杳无音讯。

英国海上商船编队

7 月 22 日，西班牙“无敌舰队”在避过风暴并获得补给后，从拉科鲁尼亚港再度起航，于 29 日到达利泽德角附近海区，进入英吉利海峡。此时，英国舰队竟在敌人毫未觉察的情况下尾随而来。英舰队派出小舰群快速挺进，不断袭扰和阻碍西班牙舰船，并在 31 日击沉西班牙舰船 3 艘，揭开了海战序幕。

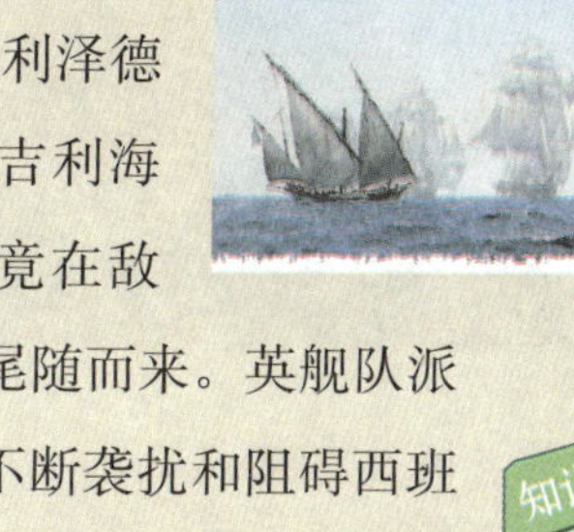

知识小链接

1588 年 8 月，西班牙同英国为争夺海洋霸权，在英吉利海峡进行了一场大海战。这次海战，西班牙出动了重型军舰和其他类型的舰船 134 艘，火炮 2430 门，水手和炮手 3 000 人，接舷战步兵 2.3 万人，神职人员和其他各类人员 300 人，总兵力达 3 万余人，号称为“最幸运的无敌舰队”。

8 月 6 日，“无敌舰队”到达法国加莱，停泊在海上，想与驻佛兰德尔的西军联系。由于后者未能及时到达，会师计划落空，后面又有英舰尾随，无法等待，只得继续前进。第二天夜间，昏暗无光，云雾重重，海面刮起强劲的东风，西班牙船员都已进入梦乡。英国人巧施妙计，把 6 艘旧船装满易燃物品，船身涂满柏油后点燃。6 条火龙顺风而下，向西班牙舰队急驰而去。顿时，火海一片，“无敌舰队”一片混乱，在断缆升航时各船乱成一团，有的相撞沉没，有的被烧毁。剩下的船只乱哄哄地向西北溃逃。英舰队乘胜追击，于 8 日 4 时追到格利沃利讷海域，迫使西舰队接受决战。在决战中，西舰队墨守过时的横阵战术，坚持接舷战，但舰体笨重，机动性差，难以靠近英舰，且舰炮射程近，不能毁伤英舰。而英国的舰队司令则指挥有方，舰船机动灵活，舰炮射程远，始终处于主动地位。到 18 时，战斗结束，西班牙舰队损失惨重，被迫于次日凌晨决定返航。英国舰队当时已将弹药消耗殆尽，而且风向突变，故未予追击，全胜而归。剩下的西班牙舰只乘着风势向北逃窜，准备绕过苏格兰、爱尔兰回国。弹尽粮绝的西班牙舰队，又在海上接连遇到2次大风暴，有的船只翻沉了，不少士兵、船员被风浪冲到爱尔兰西海岸，被英军杀死。到1588年10月，“无敌舰队”仅剩43艘残破船只返回西班牙，以近乎全军覆没的结局惨败。而英国舰队却没有太大损失，阵亡的海员、水手只有百人左右。

英西加莱海战加莱海战

英西海战表明，舰船的机动灵活和火炮优势取代了以往海战的短兵相接、强行登船的肉搏战，海上战争从此呈现出一种全新的格局。这次海战实质上是后起的殖民主义国家英国与老牌的殖民主义国家西班牙之间的一场决战。英国在海上大获全胜，击败了最强大的对手，从西班牙手中夺取了海上霸权。西班牙则因“无敌舰队”的覆没而一蹶不振，从此衰落下去。

英吉利海峡

Part4 第四章

美西战争揭秘

19世纪90年代末，随着美国国力上升，其对外扩张的野心也急剧膨胀，梦想重新瓜分世界。

鉴于当时自身实力，美国还不敢打英、法等老牌资本主义强国的主意，只好把目光投向那些日薄西山的老朽帝国，并决定从西班牙手中夺取觊觎已久的古巴和菲律宾。

缅因号

1898年2月15日，停泊在古巴哈瓦那海面的美国军舰缅因号突然爆炸沉没，舰上的354名官兵中有266人丧生。爆炸事件发生后，在没有任何真凭实据的情况下，美国政府一口咬定这是西班牙人的阴谋。4月19日，美国国会授权总统麦金莱对西班牙殖民地古巴进行武装干涉。出于无奈，西班牙政府在4月23日向美国宣战。4月25日，美国也向西班牙宣战。酝酿已久的美西战争终于爆发了！

对西班牙宣战后，早有准备的美国立即派北大西洋舰队封锁了古巴北海岸。5月14日，美国内战时期的英雄谢夫特将军指挥着6000名美军登陆部队，从美国南端佛罗里达群岛的基韦斯特出发，于20日到达古巴圣地亚哥港，并在海军掩护下登陆。仓促作战的西班牙军队根本招架不住谢夫特的进

麦金莱

攻，美军在仅仅损失5匹战马的情况下登陆成功，并发起了连续攻击。经过一些小面积的接触以后，6月24日，西班牙守军放弃了从代基里到圣地亚哥之间的一个重要防御阵地——拉斯瓜西马斯。

7月1日，谢夫特率部大举进攻圣地亚哥东北的一个小村子埃尔卡内，不料遇到了顽强抵抗。驻守埃尔卡内的500名西班牙守军与5000名美军整整纠缠了一天时间，而不是谢夫特预料的2个小时。人数上处于绝对劣势的西班牙人顽强顶住了美国陆军最精锐的部队，美军伤亡1385人。这一仗给美国人以沉重打击，参加过此役、后来成为美国总统的罗斯福感叹道："到目前为止，我们付出了惨重的代价终于赢了，但是西班牙人打得非常顽强，面对现代化的步枪无畏地向这些战壕冲锋，真是太可怕了。"

就在美军士气低落的时候，7月3日，强大的美国舰队攻占了圣地亚哥港。西班牙舰队仓皇逃跑，不幸的是，西班牙舰队开进了一条极为狭窄的水道，彻底失去了抵抗能力，被美舰一一击沉。11日，美军完成了对圣地亚哥的包围。17日，2.5万走投无路的西班牙军队全部投降。美军顺利进占圣地亚哥，这标志着古巴战事结束。

知识小链接

1898年2月15日晚，美国战舰缅因号在古巴哈瓦那港外突然爆炸沉没，260多名水手葬身海底。事件发生后，美国海军认为是西班牙人用水雷炸沉了缅因号，美国媒体随之大肆报道，引发了美国人对西班牙的举国仇恨。

在攻占古巴的同时，4月27日，美国亚洲分舰队司令乔治·杜威便率领舰队悄悄驶往菲律宾，并于5月1日拂晓前到达马尼拉港外。驻守此地的西班牙军舰趁美军立足未稳，率先发动攻击，但由于西班牙战舰破旧不堪，对美舰并没有造成多少杀伤。精明的杜威观察到西班牙舰船甲板上堆满了烧锅炉用的木柴、煤等易燃物，他果断下令对准这些引火材料射击。很快，熊熊烈火吞噬了西班牙舰艇。中午时分，7 艘西班牙舰船全被击沉，西军伤亡 381 人，美方仅轻伤 8 人，无一人死亡。第二天，美海军又占领了甲米地和科雷希多岛。6 月 21 日，又占领了关岛。这一连串的胜利，使杜威声名鹊起，后来成为美国历史上第一位海军上将。

消灭了西班牙舰队后，杜威下令封锁马尼拉，等待国内陆军来援。7 月底，当 W. 麦里特率领美远征军第八军的 1.5 万人从美国赶来后，杜威又开始发动新的攻击。菲律宾起义军首领也被其蒙蔽，答应与美军共同作战，以换取战后的“独立”。其实，美军早与西班牙总督私下达成秘密协定，在不许菲律宾起义军入城的情况下，西班牙把马尼拉“转让”给美国。8 月 13 日，美军向马尼拉发起了装模作样的“总攻”，西班牙军队略做抵抗，便缴械投降了。至此，历时 3 个多月的美西战争以美国实现其扩张计划而告终。

1898 年 10 月 1 日，美国以胜利者的姿态和西班牙政府进行谈判。12 月 10 日，经过一番讨价还价，在古巴人民和菲律宾人民完全被蒙蔽的情况下，美国同西班牙签订了重新分割殖民地的《巴黎和约》。和约规定：“西班牙放弃对古巴主权的一切要求和权利；西班牙将其管辖的波多黎各岛、西印度群岛的其他岛屿，以及马里亚纳群岛中的关岛让给美国；西班牙把菲律宾群岛让给美国，美国付给西班牙 2000 万美元。”就这样，帝国主义阵营的“后起之秀”美国，硬是从老牌殖民帝国西班牙口中，抠出了如此众多的肥肉，以至于有美国人得意洋洋地说：“历史上还没有任何战争能在如此短暂的时间内，以如此小的损失，取得如此辉煌的成果。”

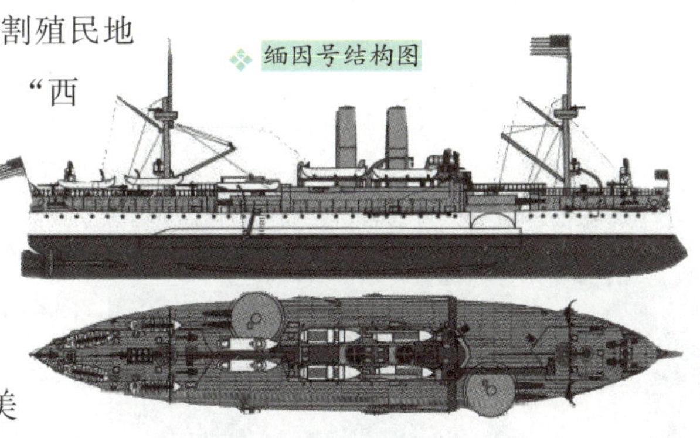
缅因号结构图

Part4 第四章

缅因号战列舰爆炸之谜

1898 年 2 月 15 日的夜晚，美国海军著名的战舰缅因号停靠在古巴哈瓦纳港，突然缅因号传来震耳欲聋的爆炸声……

长达三十年（1868~1898 年）的古巴人民解放战争即将胜利，从 16 世纪古巴沦为西班牙的殖民地开始，古巴人民就一直反抗西班牙的殖民统治，到了 1898 年，全国三分之二的人民已经摆脱了殖民统治，战争仍在继续，与古巴一衣带水的美国以保护古巴的美国侨民为由，向古巴派遣了缅因号战列舰。

1898 年 2 月 15 日的夜晚，缅因号上的船员们结束了一天劳累的工作，他们很多人都进入了梦乡，突然巨大的爆炸声惊醒了所有人，船员们根本搞不清发生了什么事，缅因号就沉入了海底，从爆炸到战舰沉水，很多船员连船舱的门都没有打开，全船 300 余名船员，266 人丧生。当这则消息传入美国时，举国震惊，美国民间组织以各式各样的活动悼念缅因号的英灵，美国海军也立即着手调查此事，在调查结果没出来之前，美国总统麦金莱发表声明，认为西班牙人应当对此事

麦金莱

负责。随后美国民众反对西班牙的声浪非常大，美国政府借机备战，美西战争一触即发。

> **知识小链接**
>
> 缅因号战列舰是当时美国海军少数6000吨以上的巨型战舰，从某种意义上讲，它代表了美国当时的海军力量，1895年缅因号开始服役，是当时美国在海洋上的“拳头”，美国自来重视海军力量的发展，他们认为“谁占领了海洋，谁就占领了世界”。所以现代，美国仍是拥有航空母舰最多的国家。

爆炸事件发生后，西班牙想以外交途径解决此事，但美国人打着为缅因号复仇的旗帜，以必须与西班牙人决一雌雄的态度拒绝了西班牙人。三个月后，美国总统麦金莱公开与西班牙正式宣战。战争的结果是美国人获得了胜利，古巴名誉上获得了独立，但最大的受益者是美国，西班牙从此退出美洲。表面上看美西战争是由缅因号战列舰爆炸引起的，但到现在是什么原因引起缅因号爆炸仍没有准确答案，是阴谋还是偶然事故引起多种猜测，其中以下两种观点最引人注目。

第一，美国人的“阴谋”。美国的调查资料显示，缅因号是舰身底部水雷爆炸后引起弹药库爆炸，最后使缅因号沉入海底，这些资料矛头直指西班牙人。美国作为当时新兴的资本主义国家，需要殖民地或半殖民地作为发展空间，但英、荷、西、法等老牌资本主义国家已经将世界瓜分完了，为了利益，美国必须从这些老牌资本主义国家中抢夺地盘，其中西班牙是最理想的目标，当时西班牙国势日渐衰落，各殖民地人民起义不断，西班牙的军队疲于应付，如果此时与西班牙开战，美国胜算较大。但是美国必须找一个合理的战争借口，并且获得民众的支持。于是美国人自编自导了“缅因号爆炸”事件。虽然听起来有点匪夷所思，但从战争之前美国人就将“脏水”泼向西班牙，西班牙多次声明与此事无关，后来要求与美

缅因号爆炸

方共同组成调查组调查此事，美方拒绝后，西班牙派自己的专家到达现场调查，并发布了自己的调查报告，美方对此不闻不问，只顾备战。所以历史分析者认为，美国以牺牲缅因号及船员为代价，发动了美西战争，并因此获得了巨大利益。

缅因号战舰

第二，根据西班牙人的调查报告显示，缅因号是内部发生爆炸，然后引爆了弹药库，与美方宣布的从战舰外部爆炸的观点相反。十几年后，缅因号的残骸被打捞上岸，此时战争已经结束，西班牙和美国的一些专家又对其进行了研究，缅因号是从内部爆炸的观点得到了多数人的支持。从残骸上看，西班牙专家认为锅炉爆炸后，引爆了弹药库。美国专家和军事官员认为很可能是由于燃料自燃后，点燃了弹药库，才使得缅因号沉没，当时的燃料供给舱与弹药库仅一墙之隔。虽然双方有缅因号内部爆炸的共识，但都没能找到切实有效的证据，官方对此事仍闭口不言。这个谜团直到现在也无人解开。

Part4 第四章

探索英法核潜艇相撞事件

核武器的问世，使核大国将核动力应用于其他领域，核动力航母、核动力潜艇相继诞生，特别是核潜艇，更是海洋深处的“幽灵”。

英国和法国是世界“核俱乐部”成员，从本国实际利益出发，两国都致力于研究和开发核潜艇，从军事角度上讲核潜艇具有续航能力强、动力大（在核潜艇上安装核反应堆，并靠其提供动力）、隐藏力强，以及配置多种战略武器（核弹头、导弹、鱼雷等）的优势。核潜艇可以说是航母的杀手，能够神不知鬼不觉地攻击海面目标。

英国的前卫号战略核潜艇配备了6枚核弹头，装备了16枚三叉戟弹道导弹，最大攻击距离为1.2万千米，是英国的主要的核力量之一。根据英国的国防策略，该国的核潜艇每天必须有一艘处于战斗值勤状态。

法国的“凯旋”号核潜艇配备了6枚核弹头和M-45导弹，最大攻击距离为5000千米，是法国的主力核潜艇。

在2009年2月3日，法国国防部长收到一条惊人的消息，法国凯旋号核潜艇在比斯开湾巡逻时，与不明物体相撞，潜艇受损严重，目前情况不明。

法国军方立刻组织人力进行抢救，同时迅速搞清楚核反应堆和核弹头是否出现意外，要知道凯旋号核潜艇配的是“真家伙”，如果发生核扩散或爆炸，后果不堪设想。经过3天的抢救，凯旋号被拖回军事基地进行

凯旋号核潜艇

维修，万幸的是，所有的核武器是安全的，核反应堆没有发生泄露事故。法国军方严格控制消息外漏，除少数高层和当事人，其他人并不知道凯旋号发生了什么事。

令人想不到的是，英国海军的专家和救援船队也到了这片海域，就在这一天，英国的前卫号核潜艇到此巡逻，竟然也与不明物体相撞，前卫号受损更加严重，英国人费了好大力气才将前卫号潜艇带回本国的潜艇维修厂。在此刻，英国的专家首先发现了事故原因，通过前卫号的伤痕，他们立刻明白，与前卫号核潜艇相撞的绝对不是什么“不明物体”，应该是法国的凯旋号核潜艇。对此英法两国同时保持了沉默，不想因此而破坏两国外交关系，况且两艘主力核潜艇相撞并不是什么光荣的事。法国对外宣布了一条消息：“凯旋号核潜艇在海底巡逻时，与疑似为集装箱的物体相撞。”

没想到的是，英国的媒体不知道从哪得到的消息，对外公布了前卫号核潜艇与凯旋号核潜艇相撞的消息，据报道内容显示，前卫号核潜艇受损严重。这使得英法两国不得不出面解释原因，给民众一个交代，法国国防部新闻发言人召开了记者会，他指出：“凯旋号核潜艇受损非常严重，先进的声呐装备已经无法使用，维修费用至少 2000 万欧元，碰撞事件没有造成人员伤亡。”

英法的调查组对这次碰撞事件进行了细致调查，最后他们为这次碰撞事故的原因做了以下几点解释。

第一，北约成员国之间为了避免海底潜艇相撞事件，制定了“潜艇交通管制系统”，

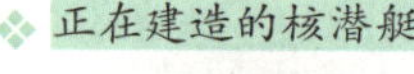

正在建造的核潜艇

只要是北约成员国，在潜艇执行出海巡逻时，应注明活动区域，出航及返航路线，但法国并非北约成员国，1966年法国退出北约组织，所以法国的潜艇出巡不受“潜艇交通管制系统”的约束，导致英国前卫号在不明白的情况下与其相撞。

知识小链接

核潜艇的续航能力一般为370,400千米，能够在海底待3个月左右，世界上第一艘核潜艇是美国的鹦鹉号核潜艇，我国是世界上第五个拥有核潜艇的国家，目前各国将自己的核潜艇分为三类，巡航导弹核潜艇、弹道导弹核潜艇（这两种都可配备核弹头）、攻击型核潜艇（武器以鱼雷和中程导弹为主）。

第二，英法两国潜艇的噪声处理技术非常先进，海底双方人员都没有探测到对方。法国国防部长称：“我们的声呐员没听到任何声音，对方也是如此，可以说当时两艘潜艇的噪声比一只虾游过的声音还要小。”并且当时双方的潜艇都处于静默状态，时速低于7千米。它们是在毫无征兆的情况下相撞的。

第三，在海底世界，各国都会寻找潜艇的潜伏地，凯旋号和前卫号同时来到了比斯开湾，核潜艇属战略武装力量，各国不会轻易暴露自己核潜艇的行踪，在完全保密的情况下，两艘潜艇相撞。

第四，英国海军潜艇官兵缺乏训练。由于英国经济萧条，英国财政大臣连年减少军费开支，使得潜艇出海训练的机会越来越少，潜艇工作人员经验不丰富，遇到紧急情况无法提前做出反应。

除此之外，一些资深的海军官员指出，在海底凯旋号和前卫号很可能在玩“捉迷藏”的游戏，这是一个不成文的规矩，如果在海底，外交关系良好的国家潜艇相遇，两方会互相刺探对方，在不发生武装摩擦的前提下，“捉迷藏”成为练兵的手段。

核潜艇

Part4 第四章

俾斯麦号的哀鸣

第二次世界大战期间，俾斯麦号是德国的王牌战列舰，傲视各国主力战舰，德国人故意以“铁血宰相俾斯麦”为其命名。

第一次世界大战中德国是战败国，许多德国人觉得民族自尊心受到严重伤害，立志复兴德意志，夺回属于德国人的土地，希特勒能够成功的原因之一，就是借助了这种强烈的民族复兴情绪。

德国作为战败国，在国防力量上处处受到限制，比如海洋军事力量上，德国不能制造大吨位级战列舰。根据《英德海军协定》，德国不能制造超过35,000吨级的战舰。希特勒上台后，《英德海军协定》成为一张废纸。俾斯麦号战列舰设计之初的确按照英德海军协定设计，但德国海军高层根据欧洲各国的海军力量分析后，决定制造40,000吨级以上的战列舰，因为英、法等国的主力战列舰均超过了40,000吨级。俾斯麦号改变设计方案，最大排水量41,700吨，长约250米，宽36米，配备火力超强的大口径火炮8门，各种中小型火炮28门，以及重型机关枪20门，除此之外还有其他轻武器若干。可以说，俾斯麦号在整个欧洲是火力最强的战列舰。

然而俾斯麦号的命运非常具有戏剧性，它从光荣到灭亡只存在了4天。德国与英国开战后，英国海军立即用军舰封锁了德国进入大西洋的通道，德国海军要想进入大西洋，只能借道丹麦海峡，为此德国海军安排了俾斯麦号战列舰和欧根亲王号巡洋舰伺机突破英军的封锁，进入大西洋。

俾斯麦号

俾斯麦号在做最后的挣扎

1941年5月的一天，丹麦海峡上迷雾重重，俾斯麦号舰长吕特晏斯借着迷雾下令战艇驶向丹麦海峡。吕特晏斯要求两艘军舰低速行驶，只要偷偷地驶出海峡就能抵达广阔的大西洋，到时候就算有英国的军舰出面拦截，俾斯麦号和欧根亲王号都能进退自如。

吕特晏斯站在指挥塔中，不停地用望远镜瞭望，他最担心此时英国的军舰发现他们的踪迹，其实英国早就探测到两艘德国战舰驶入丹麦海峡，因为英国配备了雷达装置。英国皇家舰队立刻下达拦截命令，声名显赫的胡德号战列舰（第一次世界大战中世界最大的战列舰）和威尔士亲王号战列舰（当时英国最先进的战列舰）一同前往。5月24日黎明时分，双方在丹麦海峡相遇。

英国胡德号战列舰首先发起进攻，胡德号连续发射穿甲弹，俾斯麦号被击中。吕特晏斯非常沉着冷静，他立即下令开炮还击，俾斯麦号的强大火力配备发挥了作用，炮弹连续击中胡德号，胡德号的甲板严重受损，此时一枚炮弹击中了胡德号的弹药库，瞬间胡德号上响起了剧烈的爆炸声，仅仅6分钟的时间，曾经是英国海军骄傲的胡德号战列舰命丧丹麦海峡。

威尔士亲王号见势不妙，立即向俾斯麦号开火。吕特晏斯此时对俾斯麦号的强大威力十分自信，“一鼓作气，拿下威尔士亲王号”。吕特晏斯想到这里马上命令战舰所有的火力转向威尔士亲王号，两艘世界上最先进的战列舰在海洋上展开了殊死对决。

偉斯麦号战列舰主炮轰击胡德号

面对即将到来的恶战，俾斯麦号的舰员将水上飞机推入大海，以免在炮战中起火

炮火对攻，威尔士亲王号严重受损，几颗炮弹准确地击重了它的甲板和火炮塔，威尔士亲王号火力受到压制，指挥官看见已经没有希望击沉俾斯麦号，下令退出战场。俾斯麦号虽然取得了胜利，但威尔士亲王号的炮弹击中了俾斯麦号的供油系统，使其燃料外漏，俾斯麦号失去了远行的能力。

胜利的消息传到希特勒那里，希特勒很高兴，一艘俾斯麦号战列舰，打败了两艘英国王牌战列舰，这可是一个大胜利。与此同时，英国皇家海军司令愤怒地说："无论采用什么方法，必须不计代价击沉俾斯麦号，英国自海军成立至今，从来没有受过如此大的屈辱。"

吕特晏斯的心情可没有希特勒那么好，他明白，如果不及时修好供油设备，在丹麦海峡，俾斯麦号会成为活"靶子"，英国军舰只要找到它，就会将其围歼。考虑到油料不足，行速下降，吕特晏斯请求返航维修，德国海军指挥部同意其要求。

5 月 26 日，英国皇家舰队已经为俾斯麦号准备了一张大网。这一天是俾斯麦号厄运的开始，它首先与英国航母的鱼雷轰炸机相遇，并被英军的鱼雷击中，战舰再次受到损伤，27 日以英国乔治五世号、罗德尼号为主力的舰队群追踪到了俾斯麦号，战斗随即开始。

英军此次志在必得，在 42 艘大小军舰的全力攻击下，俾斯麦号沉入海底。据经历此次战争的英国海军回忆，俾斯麦号首先与罗德尼号遭遇，并且从战斗开始到最后，俾斯麦号始终都在攻击罗德尼号，俾斯麦号至少被 10 枚大口径火炮，以及数百颗小型火炮击中，在这种情况下，俾斯麦号仍没有沉没，依然在作战。直到俾斯麦号发射了最后一枚炮弹后，船体开始倾斜，最终沉入海底。那最后一枚炮弹像一个巨人发出的最后一声哀鸣，结束了它的使命。

知识小链接

俾斯麦号舰长在最后时刻向希特勒发报：“已无可能回国，我将战至最后一颗子弹。”吕特晏斯的确对得起勇士的称号，但从历史角度看，助纣为虐的结果只能是灭亡，俾斯麦号的沉没，成为当时德国海军抹不去的伤痛。

俾斯麦号战列舰在大西洋

Part4 第四章

被自己鱼雷击沉的潜艇

太平洋战争爆发后，日、美海军的较量延伸至亚洲，台湾海峡有一艘美国的“唐”潜艇功勋卓著，曾击沉多艘日本的战舰和商船。

1944年深秋，日本已经感受到战败的寒意。美国在太平洋上节节胜利，日本本土已经受到威胁，整个亚洲，日本占领的岛屿只剩下台湾和几个不重要的小岛，台湾成为日本在东南亚的重要战略物资中转战。美国派了多艘战舰和潜艇活动在台湾海峡，袭击的目标就是日本商船和战舰。

查德·奥堪是美国海军优秀的潜艇指挥官，他是“唐”潜艇的最高指挥官。接到美国海军让其赶赴台湾海峡的命令后，查德·奥堪马上出发。“唐”潜艇是一艘中型攻击型潜艇，全艇人员88人，主要以鱼雷为攻击武器。

查德·奥堪的运气不错，刚到台湾海峡就发现了一艘日本商船，“看样子这艘商船至少是7000吨级的。”副官雷鲍兴致满满地说。

“命令瞄准商船，发射鱼雷。”查德·奥堪第一时间下达命令。

美国潜艇

两分钟后，日本商船响起了爆炸声，查德·奥堪用潜水镜看到日本商船完全沉没后高兴地说：“小伙子们干得不错。”

“唐”潜艇旗开得胜，在随后的日

日本战舰

子里，该潜艇表现十分优秀，一共击沉、击伤了20余艘战舰和商船，海军司令部多次嘉奖“唐”潜艇。

10月23日，一艘日本战舰小心翼翼地护送着几艘商船驶向台湾，查德·奥堪发现后立即命令潜艇全速前进追赶它们。由于“唐”潜艇目标小，速度快，日本战舰还不明白怎么回事就受到攻击，中弹之后日本战舰慌乱逃跑，“唐”潜艇又击沉一艘日本商船。

雷鲍高兴地说：“长官，我们已经打破了潜艇击沉船舰的纪录，但恐怕不能再继续攻击了，因为我们只剩下一颗鱼雷了。”

查德·奥堪说：“嗯！就把这颗鱼雷留给刚才被我们打残的日本战舰吧！打沉了它我们就返航。”

可惜的是这艘日本战舰逃跑速度非常快，查德·奥堪没能追到它，不过他决定在台湾海峡继续寻找这艘日本战舰，用最后一颗鱼雷击沉它。两天之后，“唐”潜艇发现了那艘被击伤的日本战舰，查德·奥堪看到这艘日本战舰已经失去了战斗力，于是命令潜艇上升，在海面上把它击沉。潜艇浮出海面，然后一颗鱼雷“愤怒”地冲向日本战舰，大家在水下憋了太长时间，再加上这样的场面可不多见，于是十几个船员走上潜艇，观看日本战舰被炸的盛况。

突然那枚发射的鱼雷竟然掉转方向朝潜艇飞了过来，查德·奥堪大吃一惊，他马上命令潜艇躲开鱼雷。奇怪的事情发生了，这枚鱼雷就像被施了魔法一样，不停地围着“唐”潜艇打转，并且越来越近，留给潜艇的活动空间越来越小，不一会儿，鱼雷撞上了潜艇，巨大的爆炸力将查德·奥堪等十几

人震出舰体，抛入海中。

幸运的是在鱼雷爆炸之前，查德·奥堪感觉不妙，他命令船员关闭舱门，这一举动救了潜艇内部的人，爆炸之后，潜艇外部的十几人只有 4 人生还，不久潜艇沉入海底，只有 11 人成功逃脱。

潜艇生还的人躲过了死神的追捕，却落入了日本人的手中，查德·奥堪和船员们被关进了监狱，受尽了折磨，直到几个月后日本战败，他们才获救。查德·奥堪一直搞不明白那枚发射出去的鱼雷怎么会攻击自己的潜艇，这件事情太奇怪了。

不只是查德·奥堪，连五角大楼的专家们对此也是一头雾水，关于潜艇奇怪失事一事到目前都没有找到原因。不过有人推测，或许鱼雷的发射装置出现故障，导致鱼雷围绕潜艇转，还有人觉得这与操作人员失误有关。“唐”潜艇是世界上唯一一艘被自己鱼雷击沉的潜艇，也有人称它为“世界上最倒霉的潜艇”。

知识小链接

世界上最小的潜艇是澳大利亚研究的“塞拉菲娜”潜艇。该潜艇只有 40 厘米长，全身为塑料外壳，动力由电池提供，最大潜水深度为 5000 米，该潜艇主要应用于海洋探测、救援，以及寻找失事的船只、飞机等。

超级大国原子弹揭秘

美国制造的第一颗原子弹爆炸时，产生的威力让全世界感到震惊，美国人骄傲地认为谁拥有原子弹谁就拥有控制世界的能力。

1945年8月15日，日本帝国主义无条件投降。当全世界的目光都聚焦在密苏里号战舰上时，日本无奈地低头认输。至今日本还认为第二次世界大战战败的原因就是“原子弹”。日本为自己的所作所为付出了代价，它是目前世界上唯一一个被原子弹攻击过的国家，然而广岛和长崎原子弹的爆炸并非是结束了一场战争那么简单，它实际上开启了另一场较量，超级大国的核武器较量。

广岛原子弹炸后的模样

从目前的历史档案分析，美国与苏联研制核武器都是受德国的影响，在这件事情上美国走在了最前面。从1939年美国就开始研制核武器，在爱因斯坦的“推动”下，美国总统罗斯福制订了“曼哈顿计划”，对于美国来说，这次可谓下了血本，从曼哈顿计划开始实施，到原子弹制作成功，美国共投入10亿多美元。举个例子，美国造一艘航空母舰花费约3000万美元，一架当时最先进的战斗机约为10万美元，如果美国人把这10亿多美元投入到军费中，至少能造30架航空母舰，或者数万架战斗机。

原子弹爆炸

不过这笔钱花得十分值得，从此以后，原子弹成为国家实力的象征，世界政治格局也因此改变。美国人在国际事务中担任领导角色，与苏联分庭抗礼，冷战时代到来。不过有些历史疑问还是让人摸不着头脑，比如苏联与美国人几乎同时知道原子弹的秘密，苏联人为什么在4年之后才制造出第一颗原子弹？

的确，苏联也是人才济济的国家，虽然在战争中国家受到了创伤，但苏联的实力绝不可小觑。苏联的谍报人员早就将德国制造“原子武器”的情报送到了斯大林的办公桌上，由于战争的原因，直到1942年，苏联才成立了秘密的“第二实验室”，负责人是苏联原子弹之父伊戈尔·库尔恰托夫。

不过苏联与美国在制造原子弹上的思路明显不同，苏联最先攻克柏林，对于德国先进的科技资源，苏联选择了设备和资料，美国人选择了科技人才，双方各取想要的东西。然而苏联想错了，设备和资料都是由人造出来的，设备可以造，而人才并不容易培养，美国由此拔得头筹。

核爆

有趣的是，杜鲁门是第一个也是唯一一个下令使用原子弹的总统，但关于原子弹他还没有斯大林知道得多。罗斯福总统突发脑溢血去世后，杜鲁门担任代总统，这时他才知道美国拥有如此强大的武器，在1945年7月召开的波茨坦会议中，杜鲁门向斯大林暗示，美国将使用一颗超级炸弹结束太平洋战争。他本以为斯大林会显露出惊讶的表情，但没想到斯大林表情淡定地敷衍了一下。事后，杜鲁门对自己的随从说：“我想斯大林根本不知道我说的是什么东西。”

而斯大林随后和自己的幕僚说：“美国人已经造出原子弹了，通知我们的科学家让他们尽快研究出原子弹。”

苏联的情报工作真的非常出色，据伊戈尔·库尔恰托夫回忆，在制造原子弹过程中，美国制造原子弹的情报不断地被送到他的第二实验室，如原子弹所需的材料、设备等资料，为伊戈尔·库尔恰托夫的工作提供了极大的便利，虽然战争中条件有限，但在战争结束后，这些资料都是保证原子弹顺利制造的关键因素，难怪伊戈尔·库尔恰托夫曾说：“苏联拥有原子弹，一半的功劳是美国人。”

知识小链接

刚刚建立的新中国政权多次受到美国的核恐吓，毛泽东主席毅然决定，发展自己的核武器。中国的核弹、氢弹是在极其困难的条件下完成的，并且从原子弹爆炸到氢弹的时间中国只用了2年多，而美国为7年，苏联为6年，法国为8年。中国的“两弹一星”使新生的人民政权在世界站住了脚跟，为中华民族的强国复兴之路奠定了基础。

苏联终于在1949年8月29日成功试爆了第一枚原子弹，打破了美国的核垄断地位，两个超级大国又开始了核竞争，双方在冷战时期都将对方视为死敌，拼命制造核武器。据说，如果把美国和苏联生产的原子弹加在一起，足足能把地球毁灭100次。

Part4 第四章

希特勒是否拥有原子弹

有人说第二次世界大战的结束归功于美国人的原子弹，但从曝光的历史资料上分析，德国具备先研究出原子弹的优势。

德国在第二次世界大战之前的迅速崛起并非偶然，希特勒上台后一直致力于科技强国。对于一个战争狂人来说，军事科技是排在第一位的，德国不缺乏科技人才，当时世界出色的物理和化学专家德国最多，这些精英不乏犹太人，比如爱因斯坦。1938年，德国物理学家奥托·哈恩和弗里茨·斯特拉斯曼首先打开了“潘多拉魔盒”，他们的实验证明铀裂变能散发出惊人的力量，不过科学家的心情是矛盾的，因为他们知道谁掌握了这种力量，就能制造出破坏力惊人的武器，不过如果和平地利用这项技术也能造福人类。该实验的报告被送到希特勒那里，希特勒对此兴趣极大，立刻安排科学技术人才组成科研小组，从事核武器的研究工作。

在解密的苏联关于第二次世界大战的谍报资料上，人们发现了德国人制造“原子弹”的证据。情报显示，德国人组建了一个秘密的“化学工程”研究机构，该机构大部分为德国铀学会成员。在情报中，三次提到了武器试验，一次是在德国的吕根岛，另外两次是在图林根。最后一次试验的时间为1945年3月3日，此时离德国战败为期不远。由此判断，苏联方面早就知道德国研究核武器的事情。但这些证据都是拼凑出来的，并非有力证据。

原子弹爆炸

不过到目前为止，很多人都认为德国在第二次世界大战期间已经拥有了核武器，因为德国不仅首先发现了核裂变的秘密，而且还拥有顶尖的核物理人才。

连任四届美国总统的罗斯福

以希特勒的为人，在他的帝国陷入绝境时，没有理由不使用威力巨大的核武器，这种武器绝对能够扭转战局，甚至改变历史！持怀疑态度的人提出了这样的质疑。

的确如此，持反对意见的人指出，德国人的原子弹研究工作最多处于实验室阶段，谈不上核弹外爆实验，因为美国人和英国人早就把希特勒的“核武之梦”破坏了。1939 年 8 月，逃到美国的著名科学家爱因斯坦写了一封具有历史意义的信件，该信主要介绍了核武器的理论，以及可行方案。收信人是美国总统罗斯福，可以说爱因斯坦是美国制造核武器的“介绍人”。罗斯福随后接见了爱因斯坦，虽然罗斯福对物理术语一窍不通，但罗斯福最后做了关乎世界命运的决定，“制订‘曼哈顿计划’，全力制造原子弹”。

知识小链接

爱因斯坦在听到日本广岛被原子弹轰炸的消息后非常震惊，他表示这一生犯的最大错误就是给美国总统罗斯福写信，让其发展核武器。从此之后，爱因斯坦利用其在科学界的影响力，大力宣扬和平利用核能，反对制造核武器。

在美国紧锣密鼓地制造核武器的同时，德国方面也没闲着。但美国不希望德国人先把核武器制造出来，于是美国成立了一支特别行动小组“阿尔索斯”，这支队伍源源不断地将德国制造核武器的情报送出，一有机会就破坏德国的实验设施，这是其次的，他们最出色的任务是将很多德国物理学家和科研人员送到美国，包括与爱因斯坦齐名的哈恩、海森堡等人，德国的核武器研究受到破坏，美国已经超过了他们。

爱因斯坦和奥托·哈恩

根据那些被送到美国的科学家们述说，德国并没有全力发展核武器，因为希特勒把希望寄托在导弹上，因此拨给原子能研究的经费少得可怜，再加上英美的破坏，德国核武器的研究一直处于实验阶段。

其次，希特勒的种族主义迫害了大量犹太人，而德国科学界顶尖的物理、化学专家中犹太人比例非常高，这些人为了躲避希特勒的压迫，不得不逃往国外。因此，即使希特勒花大力量研究核武器，在缺乏科技人才的条件下，也会落后于美国。

还有一种传闻，当时希特勒已经建好核实验所需的各种设施，但科学家内部发生了矛盾，盼望和平的科学家不想将“原子能”的力量应用于战争，特别是不想让希特勒这样的人使用，于是这些人放慢了研究速度，甚至是故意出错，拖延时间。

时至今日，在第二次世界大战的最后时段，希特勒到底有没有原子弹？是已经决定使用还是根本没有或无法使用？这些是历史研究者和战争研究者的焦点话题，也许人们需要更多的历史资料才能让真相大白之天下，才能找到尘封已久的答案。

Part4 第四章

库尔斯克号核潜艇沉没之后

2000年8月12日，号称“航母终结者”的俄罗斯战略级核潜艇库尔斯克号在巴伦支海域演习时突然爆炸，艇上118人全部遇难，其中115人的遗体被发现，被葬在俄罗斯。

库尔斯克号核潜艇是俄罗斯海军的骄傲，整个潜艇长154米，宽为18米左右，能够在海底巡航4个月，拥有2座核反应堆，配备远程反舰导弹、核弹头、鱼雷等重要武器。库尔斯克号是为打击航母制造的，可以说库尔斯克号全身都是“俄罗斯的军事秘密”。库尔斯克号装配了俄罗斯最先进的“花岗岩”反舰导弹，美国人听到花岗岩导弹就头痛，因为从技术层分析，美国人无法拦截它，该导弹能够贴着海面飞行，雷达、导弹拦截系统无法监控。只要在导弹的攻击范围内，美国的航母就有被击中的危险。

库尔斯克号

其次，库尔斯克号装配了风暴鱼雷，该鱼雷是冷战时期的产物，经过俄罗斯科研人员的升级，已经成为海底杀手。风暴鱼雷航速最高可达到200节，可根据被攻击的目标调整攻击速度，一旦对目标发起攻击，敌人来不及反应

库尔斯克号核潜艇艇身在俄罗斯摩尔曼斯克附近的罗斯利亚科沃港口被一个特制的网直接起吊。

就会被击中。

在库尔斯克号的舰体上覆盖着一层特殊吸音材料，它是潜艇隐藏的“法宝”。西方国家对这种材料早就垂涎三尺，但苦于俄罗斯的情报保密工作太好，搞不清这种材料的成分。

在库尔斯克号核潜艇沉没后，俄罗斯单方面无力打捞，但考虑到潜艇拥有太多机密，决定通过国际招标选择打捞合作者，最后俄罗斯决定与挪威海军合作。

这么一个大宝贝沉到海里，西方各国按捺不住“激动”的心情，他们纷纷表示，从人道主义出发，主动帮助俄罗斯打捞该潜艇。他们的心思肯定不是帮助俄罗斯打捞库尔斯克号潜艇和抢救被困人员，绝对是想近距离研究研究这个宝贝。

俄罗斯为了保证打捞工作不泄密，派遣

知识小链接

从打捞库尔斯克号时，俄方就十分清楚潜艇上不会有任何人生还，打捞工作耗资1亿多美元，俄方共找到115名官兵的遗体。调查人员发现了一名官兵在生命最后时刻写的纸条，虽然字迹已经模糊不清，但经过技术处理，纸条显示的内容表示，在爆炸的最后时刻，还有23名船员逃生至潜艇的第九舱。他们应该在爆炸后仍生存至少两天。

了彼得大帝号核动力巡洋舰、乌斯基诺夫巡洋舰等十几艘军舰在潜艇沉没区周围构造了“禁区”，另派出多架先进的直升机负责空中巡逻。

库尔斯克号内部风暴鱼雷

在禁区内，俄军舰 24 小时播放禁止入内的无线电信息，俄军方授权各军舰对擅闯者可直接攻击不用汇报。但是百密一疏，库尔斯克号的秘密还是泄露了出去，库尔斯克号内部照片被曝光，舰体特殊隔音材料的部分情况也被一些国家探取。

从打捞工作开始到结束，历时 14 个月，库尔斯克号被拖回秘密的军事基地进行研究。之后的事情更加令人匪夷所思，有人声称从库尔斯克号舰体外部巨大的“伤口”来看，它应该是受到了攻击或者与其他潜艇相撞造成了事故。顿时整个欧洲的空气都变得紧张起来，此事如若处理不当，很可能会发

库尔斯克号

生战争。此后又有人提出库尔斯克号的失事是车臣武装人员的恐怖袭击，他们很可能将炸弹送上了潜艇。俄方官员表示，库尔斯克号在设计时非常先进，可以说它的抗击打能力非常强，一般的武器不会对它产生伤害。与此同时，挪威的地震专家指出，在出事海域探测到了异常的地震，其威力不亚于50千克的TNT炸药。一名英国的专家认为，很可能库尔斯克号的鱼雷发生了爆炸，导致库尔斯克号失事。

不过可以肯定，在库尔斯克号沉没的最后时刻，潜艇上的官兵们起到了重要作用。在死神降临时，这些官兵并没有慌乱和恐惧，他们关闭了核反应堆，为了保证核武器不发生意外，官兵们正确地处理了这些武器，否则巴伦支海域将会出现切尔诺贝利核泄漏似的灾难。

第五章

世界大战疑云

战争可以利用任何手段来达到目的，阴谋、欺诈、野心，甚至是愚蠢等都是战争中不可缺少的“元素”，在大战之前或战争中，总会有一些扑朔迷离的事情，为之后的战争蒙上一层迷雾。

Part5 第五章

诺曼底号的灾难

众所周知的"泰坦尼克号"豪华邮轮，万众瞩目的第一次航行就遭遇了不幸，但是还有一艘与之齐名的巨轮诺曼底号，命运也同样悲惨。

第二次世界大战之前，西方世界掀起了一股"邮轮热"，海洋强国都以能制造出巨型邮轮为荣，并且互相之间进行比赛，谁的邮轮更豪华，谁的邮轮排水量更大，谁的邮轮更漂亮等，即使在经济条件十分不利的情况下，各国也没停下制造巨大邮轮的脚步，在这样的背景下，法国制造出了诺曼底号邮轮。

诺曼底号邮轮排水量达 8 万多吨，长约 314 米，邮轮配备了豪华餐厅、娱乐场所（网球场、游泳池、音乐厅、电影院、歌剧厅等）、广播系统和冷暖空调系统（当时世界上最先进）。诺曼底号下水的当天，它的豪华且漂亮的外观轰动了整个欧洲，在随后的航行中，诺曼底号还创造了新的横渡大西洋的纪录。当时的上流社会都以乘坐诺曼底号为荣，人们称它是"海洋上的皇宫"。

战争的来临改变了诺曼底号的命运，大西洋已经不再安全，德国人的"狼群"潜艇在大西洋海底攻击英、法等国的军舰和商船，为了安全，诺曼底号于 1939 年 9 月停靠在了美国纽约港。

诺曼底号

这个庞然大物在不工

作的情况下花费也是巨大的，为了节约成本，诺曼底号只保留了少数工作人员，除了必须养护的设备外，其他都封存。当然，以诺曼底号的知名度，在战争期间它的信息早就被间谍获取，德国人知道诺曼底号停放的准确位置。

诺曼底号在美国纽约港

法国投降后，德国军方对诺曼底号更加关注，他们担心美国将诺曼底号占为己有，因为这个诺曼底号的设计非常先进，如果对其改造，完全能够变成庞大的运输船或战舰。德国的情报机关还预想了几个方案，如果改成运输船，它至少能够运送上万名士兵，如果改成战舰，其作战威力不亚于一艘巨型巡洋舰。德国军方派了优秀的间谍，秘密潜入纽约港，以便获取更多的情报。

1941 年 12 月，日本偷袭珍珠港得手，美日宣战，作为轴心国的德国与意大利也同时对美宣战，没过多久，美国军方宣布征用法国邮轮诺曼底号，德国人最不愿意看到的事情发生了，美国军方要将诺曼底号改为军用运输船，1000 多名工作人员已经开始了改造工作。

按照美国军方的计划，诺曼底号将在 1942 年 3 月之前改装完成，上万名美国士兵和武器装备将搭乘其抵达英国的波士顿港，然后再将士兵运送到需要的战场上。德国的情报机关猜测很可能是太平洋战场或欧洲战场。美国人邮轮改造工程的时间非常紧，当工人们紧锣密鼓地工作时，不幸的事情发生了。

1942 年 2 月 9 日，港口的风很大，一个工人刚刚掏出工具，准备工作，他抬头时竟然看到诺曼底号的一个窗口冒着浓烈的黑烟，这个工人大喊道：“着火了，快救火。”其他工人闻讯后纷纷赶来参加救火，不过火势蔓延很快，不到 20 分钟，整个诺曼底号都燃烧起来，工人和消防人员只能抓住铁链或绳索逃生，有的只能直接跳入海中。

从远处看，诺曼底号就像一堆庞大的篝火，数万纽约市民观看到了这一“灾难”。一个小时后，船体开始倾斜，最终诺曼底号成了一堆废铁。

事后美国军方成立了调查组，诺曼底号的设计师魏德米对调查组负责人莱姆说：“诺曼底号在设计之初就考虑到了防火，我以人格保证，诺曼底号是欧洲防火最好的邮轮。它的燃烧应该是外部原因造成的。”但魏德米的话对调查组并没起到多大作用，调查组向社会公布的结果是：“诺曼底号的大火是工人违规操作和工程管理漏洞所致。”

知识小链接

时至今日仍有人称诺曼底号是世界上最豪华的邮轮，当时的欧洲“邮轮竞赛”与“军事竞赛”同等重要，英法之间互相攀比，诺曼底号的制造时间正处于经济萧条时期，但法国的CGT公司仍坚持“烧钱”制造它，因为法国人想拥有一艘超过英国的“庄严号”“伯伦加利亚号”的世界第一豪华邮轮。

但负责工程管理的人以及广大市民却不这么认为，他们认为诺曼底号的大火是有人故意为之，准确地说很可能是纳粹间谍或同情纳粹的人。第二次世界大战期间，纽约市有大量的纳粹同情者，甚至有的人直接加入了纳粹党，德国的情报人员也喜欢在这里搜索情报。诺曼底号用于军事的信息早就外泄，纳粹分子肯定会加以破坏或干扰的。美国军方并没有反驳此观点，这使得人们更加确定诺曼底号大火的起因一定被隐瞒了什么。时至今日，诺曼底号的灾难仍没有准确的答案，也许真的原因还会隐藏下去。

现今的美国纽约港

Part5 第五章

谁救了“三巨头”

1943 年，欧洲战场形势对英、美和苏联等盟国越发有利，为此三国首脑决定在德黑兰举行会晤，希特勒会让他们达到目的吗？

1943 年，苏联以巨大的牺牲和坚强的意志顶住了德国军队的攻击，斯大林格勒保卫战、莫斯科战役和库尔斯克战役的胜利，使德国由攻转守，苏联红军的英勇作战渐渐地把德军逼出苏联境内，使希特勒疲于应付。但德军的实力依然强大，要想快速结束欧洲战场，必须在欧洲开辟第二战场，以牵制德军两线作战，使其分散兵力。斯大林、罗斯福和丘吉尔经过协商，定于 1943 年 11 月 28 日在伊朗首都德黑兰举行会议，重点讨论开辟欧洲第二战场的相关事宜。

希特勒预感到战争形势对自己越来越不利，为了扭转战局，希特勒想到了暗杀盟国首脑的办法，如果暗杀行动能够成功，盟军指挥系统将受到打击，希特勒就能“浑水摸鱼”，改变德国在战争中的被动局面。他安排情报机关制订“远跃”暗杀计划。1943 年 9 月，希特勒获得情报，“三巨头”将相聚德黑兰，他立刻意识到这是一个千载难逢的机会，要是一下能把三个国家的首脑全部暗杀，世界格局就会发生变化。希特勒命令情报机构制

德黑兰会议“三巨头”见面

"三巨头"之一——斯大林

订计划，并挑选德军最好的间谍，组成特别行动小组，执行暗杀计划。

1943 年 11 月 27 日，丘吉尔、罗斯福先后抵达德黑兰，斯大林比他们先到，斯大林将罗斯福安排在苏联大使馆居住，丘吉尔住进英国大使馆，会议地点定在苏联大使馆。此时驻德黑兰苏联大使馆成为世界的权力中心，安全保卫工作也是最严格的，德国的间谍几次想混进去，但都以失败告终。

会议过程中，"三巨头"就开辟第二战场等问题上达成一致。11 月 30 日，丘吉尔热情地邀请斯大林和罗斯福参加他在英国大使馆举行的生日宴会，这一天是丘吉尔 69 岁的生日。生日宴会安排得非常隆重，丘吉尔考虑到现在仍处于战争时期，并没有邀请太多的人参加，只有斯大林、罗斯福，以及他们的重要随从和幕僚，人数不超过 20 人。斯大林、罗斯福等人如约而至，丘吉尔致辞结束后，走向人群，斯大林与罗斯福等人频频举杯向丘吉尔表示祝贺，丘吉尔格外开心，与来宾畅饮交谈，宴会气氛非常活跃。

"三巨头"之一——丘吉尔

使馆人员这时为他推来了生日蛋糕，上面插着 69 支生日蜡烛，丘吉尔闭眼许愿后，在众人的掌声中吹灭了蜡烛，突然室内的灯全灭了，屋内变得黑漆漆的，人们听到了子弹射击的声音（经过消声处理），

杯子、盘子摔碎的声音让气氛更加紧张。使馆工作人员立刻取来手电筒，人们发现了两具尸体，是一名待从和一名秘书。

二战时期的欧洲城市废墟

“三巨头”安然无恙，一场虚惊。这件事情三方都同时保持沉默，毫无疑问这是暗杀行动，子弹应该射向“三巨头”中的其中一人，但是秘书和待从的死是怎么回事，是误杀还是另有隐情？为什么“三巨头”对此事不表态？这件事情被最小化处理，除了在场的人很少有外人知道此事。直到曾担任丘吉尔贴身侍卫长的汤普森的《我当过丘吉尔的侍卫长》一书问世后，此次暗杀事件的细节才得以大白于天下。书中披露，丘吉尔的生日那天，主人与来宾之间谈笑风生，此时一名秘书鬼鬼祟祟地将一个包裹放在餐桌下，然后匆匆离开，汤普森警觉地将这个包裹打开，里面是一只精致的钟表，汤普森将钟表放在了其他地方。

希特勒

宴会进入高潮，工作人员将蛋糕放在餐桌上，丘吉尔兴致勃勃地吹灭了蛋糕，这时一名侍从端着一个大果盘来到餐厅，但看上去他十分紧张，右手还有些发抖，一不小心竟然将水果倒在了斯大林的翻译身上，还没等他收拾，餐厅的灯熄灭了，不知道谁喊道：“抓住那个侍从……”子弹的声音呼啸而过，气氛紧张到了极点，一阵骚乱之后，工作人员拿来了手电筒，那名放钟表的秘书以及端果盘的侍从双双

毙命，侍从的脖子上有一枚细针，而那名秘书是被子弹打死的。

汤普森在果盘的下方发现了一个小按钮，这是一个定时炸弹遥控装置，在钟表内发现了炸弹，很明显这是德国人精心策划的暗杀行动。

此书问世后，各种争论又接踵而至，死去的侍从和秘书是什么关系？如果他们是杀手，他们是如何混进戒备森严的英国大使馆的？谁杀死了他们救了“三巨头”？既然挫败了德国人的阴谋，为什么不将“英雄”公开？

知识小链接

德黑兰会议制定了“霸王”行动，确定实施诺曼底登陆计划，这有助于尽快结束第二次世界大战。通过这次会议，“三巨头”之间建立了一定的信任关系，共同发表了《德黑兰宣言》，为战后世界格局打下了基础。但同时三个国家为了各自的利益，擅自确定了波兰领土范围，以及将中国大连港定为国际港，侵害了中国和波兰的利益。

直到现在，三个国家仍未对此事发表过任何声明，人们更加确定这其中一定隐藏了什么秘密，特别是那个神秘的“英雄”，他不仅保护了“三巨头”，也是整个世界的英雄，也许他的身份将永远是谜。

假地图的秘密

第二次世界大战爆发后，德国战车横扫欧洲，不到两年的时间里，欧洲只剩下英国还在苦苦支撑，能拯救欧洲的只有美国。

1939 年 9 月，德军仅用了一个多月就侵占了整个波兰，英、法等国同时对德宣战，希特勒根本没把他们放在眼里，在其闪电战术的打击下，盟军 20 多万部队一败再败，溃退千里。1940 年 5 月，英、法联军被围困在法国东北部港口城市敦刻尔克，英军拼死挣扎才逃过了德军的围堵，不过法国在一个多月后宣布投降，欧洲已经无人能阻止希特勒。

欧洲的盟友陆续战败，英国一个国家要对抗德、意、日联盟。希特勒不会浪费这么好的机会，他制订了“海狮”计划，剑锋直指英吉利海峡，成千的德国飞机不停地在伦敦上空轰炸，英国建国以来第一次面临亡国的危险。

丘吉尔一筹莫展地看着地图，英国已经无处可躲，德国的轰炸使工业和经济严重受损，百姓流离失所，工厂、商店停业关门，希特勒在大西洋布置了数量庞大的潜艇攻击英国的商船和军舰，各种物资无法运抵国内，国内商品价格飞涨，黑市交易猖獗。丘吉尔自言自语：“只有美国能拯救英国，拯救欧洲。”于是丘吉尔利用任何可能的途径向美国求援。

丘吉尔

欧洲已经乱成了一锅粥，美国人这时在干什么呢？美国人在隔岸

卓别林讽刺纳粹的电影《大独裁者》

观火，第一次世界大战，美国本土没有受到战争的威胁，而且还大发了一笔战争财，而老牌资本主义国家全部遭受了战火，一蹶不振。美国的国际地位迅速提高，既赚了利又夺了名，可谓一箭双雕，此次美国人还梦想着趁欧洲发生战争，再狠狠地赚一笔。甚至有些美国人对希特勒的纳粹党持同情态度，认为是德国在为第一次世界大战战败复仇。当时美国的著名喜剧明星卓别林拍摄了一部讽刺纳粹的电影《大独裁者》，美国政府竟然认为这部电影影响了美德之间的关系，禁止上映。

丘吉尔多次以恳求和警告的语气给罗斯福写信，明确指出希特勒的战争野心绝不只是欧洲，英国已经无路可退，如果英国战败，美国在欧洲的利益将遭受灭顶之灾。罗斯福总统也十分明白当前的世界形势，他认为美国现在对希特勒置之不理，迟早会吃亏，他多次在议会上提出要援助英国的方案，但是大多数议员反对，使援助方案无法实施。

罗斯福无奈地回复丘吉尔："1935 年制定的《中立法案》让多数议员否决了支援英国的计划，对此我深表遗憾。"丘吉尔的眼睛望着世界地图，好像在思索着什么，过了一会儿他通知情报部门的负责人到他办公室……

10 月的一天，罗斯福总统召开紧急会议，重点讨论欧洲战争发展趋势以及美国的立场，一开始众多议员仍是老生常谈："中立才能争取最大的利益……"罗斯福总统打断了议员们的讲话，工作人员给参会的人员发放了一份地图，罗斯福总统说："先生们，请看完这份地图后再发表你们的看法，

1929 年 9 月 1 日清晨，德国入侵波兰

你们手上的地图是情报人员刚刚从德国搞到的重要情报，它表明了德国人的目标。”

看到地图后的议员们惊呆了，原来这份德国绘制的地图重新划分了北美洲、南美洲各国的领土，有的国家被合并，如委内瑞拉、巴拿马、哥伦比亚等国家合并为“新西班牙共和国”，巴西和阿根廷的国土扩大了一倍……从地图上可以看出，美洲成了德国的石油基地和殖民地，虽然地图仍标注美国为独立国家，但美国在美洲的利益全被纳粹获取，美国也被纳粹势力包围，如果发生战争，美国的处境就会像现在的英国那样，孤立无援。

敦刻尔克大撤退

议员们愤怒了，有人开始叫嚣：“德国如果将手伸到美洲，就让他们有来无回，美国人将誓死捍卫美利坚合众国在美洲的利益，现在就应扼制纳粹势力的发展……”不可思议的是，这张地图不知怎么被媒体得到了，美国舆论讨伐纳粹的声音越来越高，民众高呼

知识小链接

大英博物馆，又名不列颠博物馆，位于英国伦敦新牛津大街北面的大罗素广场，成立于1753年，是世界上历史最悠久、规模最宏伟的综合性博物馆，也是世界上规模最大、最著名的博物馆之一。博物馆收藏了世界各地的许多文物和图书珍品，藏品之丰富、种类之繁多，为全世界博物馆所罕见，几乎展现了所有文明古国的古代文明。

打倒德国、打倒纳粹。

罗斯福借助这股反纳粹浪潮，立刻向众议院提交了援助英、苏的方案，并顺利通过批准。英国终于得到了盼望已久的援助，欧洲战场也因为美国态度的转变，发生了变化，可以说这张地图拯救了英国和欧洲。

在后来公布的历史档案以及资料让人们大吃一惊，当时美国得到的那张德国人的地图，真正的主人竟然是丘吉尔。丘吉尔巧妙地利用了美国人的心理，让情报机构绘制出假地图，然后借德国人之手送给美国。罗斯福总统的配合也非常默契，至此将美国拉入了欧洲战场。这张地图现在仍保留在大英博物馆，成为历史的见证。

大英博物馆

Part5 第五章

博弈中途岛

日本偷袭珍珠港得手后，美国太平洋舰队元气大伤。日本占据了战争主动权，茫茫的太平洋上只剩下中途岛还在美国人手中。

东京街头，日本民众挥舞着国旗在街头狂欢，游行的队伍抵达天皇的皇宫，东条英机面对民众大声说道："大东亚圣战的胜利一定属于日本。"民众欢呼雀跃，这一幕是为了庆祝日本成功偷袭珍珠港。在山本五十六的指挥下，日本海军不宣而战，以极小的代价在珍珠港重创了美国太平洋舰队，随即美国向日本宣战。

由于美国海军损失了大量战舰，一时之间难以形成战斗力，太平洋便成了日本海军的"游乐场"，日本海军趁机占领太平洋诸岛，他们甚至把手伸到了印度洋，在取得珊瑚海战役的胜利后，日本将下一个目标锁定在中途岛。这是美国在太平洋上的最后一道防线，如果占领中途岛，美国漫长的太平洋海岸线，将全部暴露在日本海军的炮火下，甚至美国本土也可能受到侵略。

对于日本不宣而战的卑鄙做法，罗斯福以轰炸东京予以还击。但这并不能改变太平洋战争的局面，山本五十六率领的战舰就要对中途岛进行攻击。这一次，山本五十六几乎把整个日本海军都带来了：航空母舰 8 艘、巡洋舰 22 艘、战斗机 700

日本偷袭中途岛

山本五十六

余架、战列舰十余艘，还有若干潜艇。

而美军自珍珠港遭受偷袭后，战斗力还没有完全恢复，供太平洋舰队司令尼米兹上将调用的航空母舰有3艘、巡洋舰8艘、驱逐舰15艘，飞机不到300架。从兵力上看，日本占有绝对优势。

山本五十六和日本大本营将中途岛海战视为决定太平洋战争的关键一战，并且认为此战日本必胜。名将指挥，绝对的优势，无论从哪个角度看，日本都有足够的资格获胜，然而战争的结果却让日本大失所望。日本损失了4艘大型航空母舰，1艘重型巡洋舰，近300架飞机，数百名经验丰富的飞行员丧命，太平洋战争的主动权被美国人掌控了。

半年前，日本海军还保持着不可战胜的神话，而半年之后这一神话被打破，日本海军从此由进攻变成了防御。

为什么在占有绝对优势的情况下，日本还会战败？

第一，日本海军被胜利冲昏了头脑。日本人在太平洋战争中一直以胜利者示人，在国内海军被吹嘘得神乎其神。中途岛海战中，从最高指挥官至基层士兵，都认为美国人仍会像以前一样不堪一击，骄兵必败，犯了兵家大忌。

第二，日本人输在了军事情报上。中途岛海战之前，美国人就掌握了日本海军的通讯密码，日本海军的军事布置以及火力配备等情况美国人全部了如指掌，而日本人对此毫不知情。

第三，美国采用了新的海战战术。以航母和舰载机为主力，先夺取制空权，再夺取制海权，这种新的战术使日本在5分钟内就损失3艘重型航母，可见数量多并不见得就能打赢。

第四，日本在科技上远不如美国。美国海军配备了当时世界上最先进的雷达系统，能够根据战场上的变化迅速调整作战布置，而日本对美军的判断几乎全靠侦察机，战场瞬息万变，美国就赢在了这个时间差上，日本应该输得心服口服。

知识小链接

中途岛之战是太平洋战争的转折点，战役之后不到三年的时间里，美国海军长驱直入，先后进行了马绍尔群岛战役、马里亚纳群岛战役、莱特湾海战、硫磺岛战役、冲绳战役等等。日本丢失了太平洋上所有的岛屿，日本本土暴露在美国海军的炮口之下。

现今的中途岛

Part5 第五章

闪击波兰的"搅局者"

1939年，德军准备进攻波兰的前一天，有一名反纳粹的德国军官本想破坏希特勒的计划，但他却阴差阳错地帮了希特勒。

希特勒开始决定入侵波兰的时间是1939年8月25日，德国最高统帅部决定由精兵强将组成16支特别行动小组，他们的任务是在战争之前秘密潜入波兰，破坏波兰军队的通信、交通等设施。最高统帅部还命令这些特别行动小组，在战争之前几个小时向波兰军队挑衅，为战争找借口。

16支小分队中有一支小分队由阿波特·海涅负责，海涅的军衔是中尉，他参加了反纳粹的组织，对于希特勒，海涅一点好感都没有，对于这次特殊行动，海涅虽然不明白希特勒要干什么，但可以肯定不是什么好事。

时间一天天临近，16支小分队整装待发。24日中午，德国最高统帅部命令所有的小分队全部潜入波兰，每个小分队都有特殊的任务，海涅的小分队负责占领波兰边境一个叫加化克夫的火车站。此时海涅明白，希特勒要对波兰动手了。

❖ 希特勒

海涅本想随便应付一下，毕竟他改变不了什么。突然他又想到："这也许是让希特勒倒台的机会，与波兰开战，英法会袖手旁观吗？如果战争爆发，英法等国联手对付希特勒，希特勒的政权肯定会倒台的。"想到这里，海涅中尉决定认真地执行这次命令，不仅要做好，还要做得轰轰烈烈。

闪电战

海涅的小分队进入波兰后朝预定目标前进，此时希特勒那边却发生了变化。25日希特勒给德军最高统帅部下达命令，要求马上召回16支特别行动小组，终止一切行动。不知什么原因，希特勒取消了进攻波兰的计划，至于新的进攻时间希特勒没有说明。

但负责特别行动小组的阿勃维尔抓狂了，行动小组早已经出发，事先曾说明，在没有完成任务前必须保持无线电静默，现在怎么联系他们？阿勃维尔用尽所有办法，终于联络到了15支特别行动小组，庆幸的是这些行动小组还没有对目标进行攻击。

二战时的波兰军队

最后只剩下海涅的行动小组没联系上，阿勃维尔胆战心惊地让人继续与海涅联系，但为时已晚。“积极”的海涅已经拿下目标，加化克夫火车站的防卫十分简单，26日凌晨时分，海涅没费劲就占领了它。

海涅此时的心情非常轻松，他希望看到德军的战车从此经过，但他坚信，用不了多长时间，他们就会原路返回，到时候希特勒已经下台了。海涅一直看着德国边界方向，很长时间过去了，怎么德军主力还没过来，难道又出什么意外了？

带着疑问，海涅与总部取得联系，海涅没想到总部的接话员用几乎疯狂的口气说："混蛋，马上放掉俘虏，火速返回德国边界。"海涅实在搞不清发生了什么事情，他带着自己的小分队返回了德国边境。

这件事情对希特勒影响非常大，希特勒判断波兰高层应该对此事已经警觉，如不马上采取行动，闪电战将很难实施，希特勒下定决心于9月1日入侵波兰。可怜的海涅，他本想破坏希特勒的计划，却阴差阳错地帮了希特勒。

知识小链接

闪电战的特点是奇袭、集中、速度快。在获得制空权的情况下，用强大的装甲部队出击、袭击，以最快的速度包围或全歼敌人。闪电战战果显著，德国用3个月的时间完全占领波兰，39天打败了欧洲大陆最强的法国陆军，1天就打败了丹麦，5天占领荷兰，不到1个月侵占了挪威，半个多月的时间打败比利时。

波兰

猎杀魔头白川义则

白川义则在亚洲可谓是血债累累，他到哪里，哪里就充满了杀戮，不过当他到达上海时，一张猎杀他的网，已经悄悄展开。

白川义则被任命为上海军总司令的消息在上海传开，街头上议论纷纷。白川义则在日本可谓大名鼎鼎，日本近代的重要战争他都参加过，日俄战争、甲午战争、侵朝战争等，淞沪会战时他命令飞机猛轰上海市区，炸死了无数的中国平民。

不过在上海秘密成立的“韩人爱国团”听到这个消息后，十分高兴。韩人爱国团是在中国共产党支持下成立的朝鲜爱国人士组织，日本入侵朝鲜，不想被奴役的朝鲜人流亡到上海，中国共产党暗中将这些爱国人士集中起来，支持他们投入到抗日斗争中去。1930年韩人爱国团成立，负责人为李春山。

李春山将韩人爱国团的骨干集中起来，开始制订暗杀白川义则的行动计划，李春山说：“这个魔头在中国和朝鲜犯下了滔天罪行，我们必须干掉他，为同胞们报仇。”

一个帅气的小伙子立即站起来说：“不错，这个任务就交给我吧！我会讲日语，能够假扮日本人接近他。”他叫尹奉吉，20岁出头的他饱受家破国亡之苦，恨不得马上拿起枪同日本人决斗。李春山看了看尹奉吉，欣赏地点点头说：“好的，不过我们要做出周密的计划，必须保证一击毙命。”

经过数次会议之后，李春山决定安排尹奉吉执

白川义则

行暗杀，李东海（女）负责掩护，时间定在4月26日上午，26日是日本的天长节（日本天皇的生日）。这一天白川义则肯定会率领日本驻上海高层在虹口举行盛大的仪式，这是杀死他的最好时机。

知识小链接

尹奉吉以身报国，他的行为彰显了朝鲜人民不愿被奴役、渴望独立自由的愿望。白川义则命丧黄泉，使韩国临时政府进一步得到了中国的援助，1945年，英雄的骨灰运抵家乡，10多万人参加了尹奉吉的葬礼。至今上海和韩国等地均有尹奉吉的纪念碑。

李春山找来日本军用的水壶和便当，将烈性炸药安放在里面，他设计得非常巧妙，不需要引爆，它们落地就会爆炸。4月26日清晨，在韩人爱国团的秘密联络处，李春山带领尹奉吉、李东海面对国旗发誓，他们准备以必死之心诛杀白川义则，李春山为两个人拍照留念，这张照片也成了尹奉吉的遗照。

尹奉吉将自己打扮成日本侨民的样子，他左手拿着日本国旗，右手则拿着装着炸药的水壶和便当来到了虹口公园，他以流利的日本语骗过了门卫，9时左右，白川义则和其他高层人员走上了演讲台。

白川义则看来心情不错，滔滔不绝地演讲着，“大日本天皇万岁，大日本天皇万岁……”之类的口号不时响起，尹奉吉不时地观察环境，等待下手的机会，11时左右，仪式进入高潮，全体人员面对天皇的照片和国旗高唱国歌，白川义则站在台中央低头鞠躬，尹奉吉瞅准时机，将准备好的炸药扔上了讲台中央，巨大的爆炸声响起，白川义则被炸得血肉模糊，随后不治身亡。

尹奉吉被抓了起来，他誓死不投降，也没有交代关于韩人爱国团的任何信息，最后被日本人枪毙。

尹奉吉（右立者）

Part5 第五章

“歪打正着”的农夫

战争期间什么怪事、奇事都有，在第二次世界大战前期，英国一位老实巴交的农民，竟然被抓起来当成间谍审问。

1940年下半年，德军横扫欧洲，英国被纳粹势力包围，每天忍受着德军飞机的轰炸，丘吉尔整天担心德军横跨英吉利海峡，登陆英国本土作战。根据当前形势，英国皇室同英国政府共同协商了应急方案，准备将英国皇室的黄金和政府财富转移到秘密基地，同时皇室转移到加拿大躲避战火。这是在绝对保密的环境下执行的，因为消息一旦外泄，民众的抵抗心理将会崩溃，英国有可能不战而降。

政府尚且如此，民间的百姓会更加恐慌，在那个信息不透明的时代，流言蜚语满天飞，“昨天德国人在伦敦空降了伞兵，他们是来暗杀丘吉尔的……”“听说德国人的间谍化装成传教士和修女，破坏我们的军事基地……”“希特勒已经派先头部队准备登陆了……”丘吉尔挠着头说：“流言造成的恐慌比德国飞机的轰炸还让人头痛。”

百姓的神经最脆弱，他们更愿意听取小道消息，当听说德国派出大量间谍潜入英国内部肆意破坏的消息后，民众紧张的情绪迅速传播，即使人们走在大街上，看到不自然的人，心里就犯嘀咕：“他是德国派来的间谍吗？”警察局每天都会接到许多关于发现德国间谍的报案。

英吉利海峡

伦敦郊区有一个年近半百的农夫，虽然是战争时期，却一刻也没闲着，整日在农田里劳作，到了收麦子的季节，农夫更加勤劳。一天他在收麦子的时候，突发奇想："我一辈子都是一排排整整齐齐地收麦子，今天我要换个花样。"

于是他用镰刀在金黄色的麦田中制作起图案来，农夫制作了一个箭头的标志，他得意地看了看自己的作品，笑了笑然后回家了。第二天，他再次到这里收麦子时，有两个藏在暗处的军官抓住了他，农夫被蒙上眼睛，带到了秘密的审讯室。

知识小链接

英吉利海峡，又名拉芒什海峡，是分隔英国与欧洲大陆的法国、并连接大西洋与北海的海峡。海峡长560千米（350英里），宽240千米（150英里），最狭窄处又称多佛尔海峡，宽仅34千米（21英里）。

原来这个农夫歪打正着，他用镰刀制作的箭头正好指向了一处秘密基地，这处基地就是保存英国财富的秘密地点之一，军官们发现他制作的箭头后，怀疑他是德国的间谍，农夫对审讯员说："对天发誓，我是一个土生土长的英国公民，我那天只是突发奇想制作了那个箭头，天知道箭头指向哪里……"

审问人不会这么轻易相信他的话，过了一段时间德国的飞机根本没有出现在基地上空，有人提出农夫可能被诬陷了，又过了一段时间，基地仍然安全，这才把农夫放了。可惜的是，农夫的麦子因为没有收割完，全毁在地里。基地的人员为此还向农夫做出了赔偿。

第六章

战争背后的趣闻

人类是用鲜血在书写战争故事。战争年代的奇人、奇事并不少见，有时候战争中发生的事情让人感到啼笑皆非，不可思议，有时候又让人觉得无奈和无助，这就是战争的爱恨情仇，让人类铭记刻骨的痛，才能明白和平的可贵。

Part6 第六章

差点被击毙的“总理”

盟军强渡莱茵河，为希特勒敲响了丧钟。为了阻止盟军入侵德国本土，纳粹还在挣扎，他们成立了人民党，保卫德国国土。

艾森豪威尔不想让盟军停下脚步，他的计划是让盟军强渡莱茵河，直逼柏林，结束欧洲战争。艾森豪威尔组成了攻击集团军，他命令将军们不管采用什么方法，一定要渡过莱茵河。这些与纳粹打了多年交道的将军心里十分清楚此战的意义，不过他们也知道，希特勒肯定把莱茵河上的桥都炸断了，德国本土是纳粹党的最后防线，他们肯定会拼死抵抗，这是一块难啃的“骨头”。

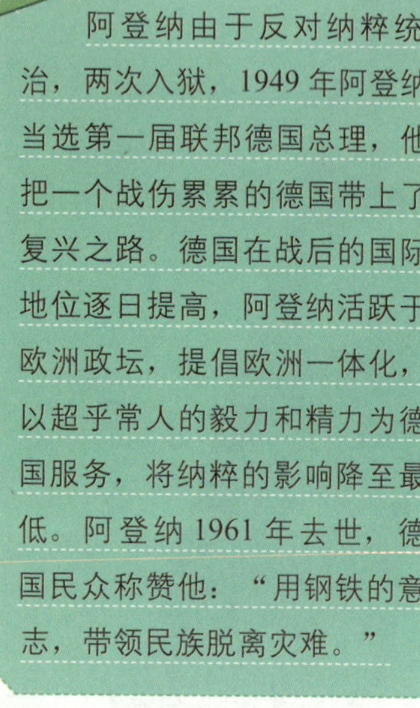
阿登纳由于反对纳粹统治，两次入狱，1949 年阿登纳当选第一届联邦德国总理，他把一个战伤累累的德国带上了复兴之路。德国在战后的国际地位逐日提高，阿登纳活跃于欧洲政坛，提倡欧洲一体化，以超乎常人的毅力和精力为德国服务，将纳粹的影响降至最低。阿登纳 1961 年去世，德国民众称赞他：“用钢铁的意志，带领民族脱离灾难。”

艾森豪威尔

当盟军推进到莱茵河畔时，没有发现可以渡河的桥，而纳粹刚刚组建的人民党经常骚扰部队的补给线。时间一分一秒地过去，美军指挥官胡根将军心急如焚，这时前线发来电报，在莱茵河上竟然发现一座完好无损的大桥。胡根将军简直不敢相信这是真的，老谋深算的他考虑了一会儿，在确定不是德国人的阴谋之后，他立即下令最前沿的约翰少尉率领部队占领这座大桥。

阿登纳总理

约翰少尉命令坦克越过大桥，部署兵力在桥的两边建立防御阵地，约翰少尉亲自带领士兵沿河两巡逻，突然一名士兵发现了一个老人，这个老人在一所破旧的房子前摆弄着花草，盟军赶到此地时，当地的百姓早就逃跑了，如此紧张的情况下哪儿有人胆敢留下来，更别说有闲情逸致摆弄花草。这名士兵毫不犹豫地拿起步抢，朝老人开了三枪。当士兵要开第四枪时，约翰少尉制止了他，约翰清楚地看见老人机智地躲过了枪击，迅速地朝房子后面跑去。

战争结束后，约翰退役。1953 年约翰随民间交流组织一起去联邦德国参加活动，联邦德国总理为了加强美德之间的民间关系，消除战后美国民众对德国的敌意，亲自迎接了这支交流团，令约翰诧异的是，联邦德国总理阿登纳竟然就是莱茵河畔差点儿被枪杀的德国老人。

阿登纳总理在与约翰握手时，约翰情不自禁地说起了这件事。阿登纳也吃了一惊，没想到事隔十几年，两人在此相遇，事后阿登纳总理还在百忙之中与约翰共进晚餐，以纪念那次奇遇。

莱茵河畔

Part6 第六章

装在囚室里的绝密“电话”

1962年，苏联在古巴部署导弹，美、苏之间剑拔弩张，一场核战争看似不可避免。古巴导弹危机能否安全渡过，关系到整个世界的和平。

苏联在古巴秘密部署导弹（有的配置核弹头），携带核弹头的导弹有效射程覆盖美国本土。美国人愤怒的同时也非常害怕，自己家门口竟然有核武器，而核武器的控制权在苏联人手里，这根“核大棒”，说不定什么时候就砸下来。苏联第一书记赫鲁晓夫原本想秘密地布置导弹，谁知东窗事发，美国的侦察机竟然发现了古巴的导弹设施。

这一事件是冷战时期的转折点，美苏争霸世界的激烈竞赛达到顶点。美国有史以来最年轻的总统肯尼迪自上任以来，就以美国的核优势对抗苏联（美国的核武器数量、种类均超过苏联）。得知古巴配置中程核导弹后，肯尼迪马上让五角大楼策划摧毁古巴所有导弹设施的命令。肯尼迪认为此事事关美国命运，假如古巴的核导弹袭击美国，短时间内美国就会有上百万人失去生命，为了摧毁古巴的导弹设施，美国不惜出兵入侵古巴。

赫鲁晓夫视古巴为与西方世界对抗的“桥头堡”，对美国人的反应，一开始赫鲁晓夫寸步不让，不过当看到美国人真准备动手时，赫鲁晓夫却犹豫了，考虑到双方实力的差距，赫鲁晓夫最后妥协让步，暂时化解了核战争

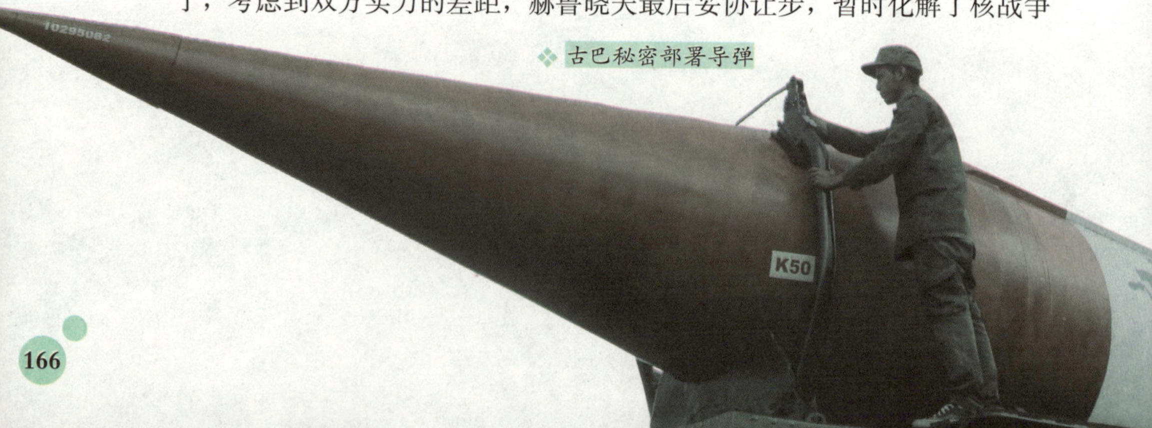

古巴秘密部署导弹

的危机。

知识小链接

古巴导弹危机以苏联妥协结束，这是美国“冷战”以来取得的最大胜利，苏联感觉受到了羞辱，于是不惜一切代价生产核武器，世界上最重要的两个大国核竞赛由此进入白热化地步，古巴政权在这件事情中成了配角，甚至是筹码，当苏联宣布撤回布置的导弹时，卡斯特罗曾愤怒地说：“我们被苏联人出卖了。”

通过这件事，美国与苏联虽然仍持敌对态度，但双方不得不面对无法回避的问题，那就是在重大国际事件上，两国首脑缺乏必要的沟通。试想两国之间如果发生误会，将改变整个世界的命运。

于是两国政府秘密地建立了一条专线。为了保密，苏联政府将通讯设备安装在克里姆林宫地下室一间秘密房间中，这间房间曾经是囚室，除了少数高层领导，没有人知道它的存在。在通讯设备上，苏联也是煞费苦心，情报机构将通讯设备的零件交给上百家企业分散制造，谁也不知道领导人要它们干什么。当通信设备安装好以后，人们才发现，这并不是“电话”，看上去更像一台打字机，不过它打的不是文字和数字，是令人摸不着头脑的图片。这台设备被高层领导人称之为“红机”，红机第一次使用就证明了它的价值。中东战争时期，以色列以领先的军事优势，将阿拉伯联盟打得大败，苏联与阿拉伯世界利益相关，为此苏联派黑海舰队进入地中海，准备随时支援阿拉伯人。

赫鲁晓夫

美国看到苏联的行动后，马上派出以航母为主力的混合舰队赶赴地中海，双方在地中海对峙。此时人们感到空气中弥漫着硝烟味。在此关键时刻，苏联人使用“红机”与美国决策层取得联系，红机中不时打印出各种奇怪的图案，经过专业翻译人员处理后，双方领导人达成共识，苏美两国的军事力量撤出地中海，避免了中东战争扩大的危险。

时至今日，“红机”早已退出历史舞台，各国首脑开始使用卫星进行直接通讯，不过人们最想知道的是：“红机”中打印的图案到底是什么意思？两国首脑在国际大事的关键时刻是如何制定决策的？要想知道答案，只能等待绝密档案的公布。

地中海

Part6 第六章

令人发指的核辐射实验

随着“冷战”的升级，欧洲成为抵制共产主义的前沿阵地，在美国拥有核武器之后，与之最亲密的盟友英国，也制造出了原子弹。

核爆

1955年6月，英国向世界宣布成功进行了原子弹爆炸实验，英国跻身“核俱乐部”。英国开始原子弹的爆炸地点位于蒙特贝洛群岛，原子弹爆炸成功后，一艘名为“罗马月神”号的战舰奉命赶赴该区域，指挥官高尔只接到按时抵达的命令，却不知到这个原子弹刚刚爆炸过的地方做什么。但军人以服从命令为天职，他带领着三百勇士，按时抵达。

“你们要在这个区域巡逻，所有士兵集中在甲板上，脱掉军服。”再一次接到这个莫名其妙的命令后，高尔舰长以及一些军官心生疑问，巡逻为什么还要脱掉军服，还必须让士兵站在船舱外的甲板上，这葫芦里卖的什么药？虽然有疑问，高尔还是坚定地执行了任务。

接下来的时间里，英国再次在该区域进行核实验。这次原子弹爆炸实验非常成功，“罗马月神”号的船员在远处目睹了“蘑菇云”的盛况。第二天，高尔舰长再次接到命令：“你带领船员再次穿过原子弹爆炸的区域，按上次命令执行。”

原子弹

高尔舰长明白了，他的上司在拿他们做实验，高尔舰长不免心生酸楚，他想："这些年轻的孩子能抵挡住核辐射吗？为什么不让我们穿戴防辐射的服装："士兵和军官们对此一无所知，他们只知道原子弹威力非常大，却不知道原子弹爆炸后的辐射能够杀人于无形。

高尔舰长选择了沉默，他依旧命令士兵和军官们穿着短裤站在甲板上，包括高尔舰长在内的所有人，笔直地列队站好，"罗马月神"号抵达目的地后，鸣笛三声，像是在哀号，又像是无奈地宣泄，十几个小时后，该舰驶过核实验海域。

知识小链接

核武器原子弹的杀伤破坏方式主要有光辐射、冲击波、早期核辐射、电磁脉冲及放射性污染。光辐射是在核爆炸时释放出的以每秒30万千米速度直线传播的一种辐射光杀伤方式。

高尔舰长从没有向上级提出抗议，他的船员也一直被蒙在鼓里。岁月流逝，在这艘战舰服役的300余名官兵，80%的人没能活过60岁，壮年时患绝症的不在少数，少数活着的人忍受着各种病痛的折磨，而政府对此从来没有提出过补偿，也没有任何部门对此事负责。可怜那些正直勇敢的士兵，为了国家他们无悔地献出青春和生命，却不知道自己为何丧命。

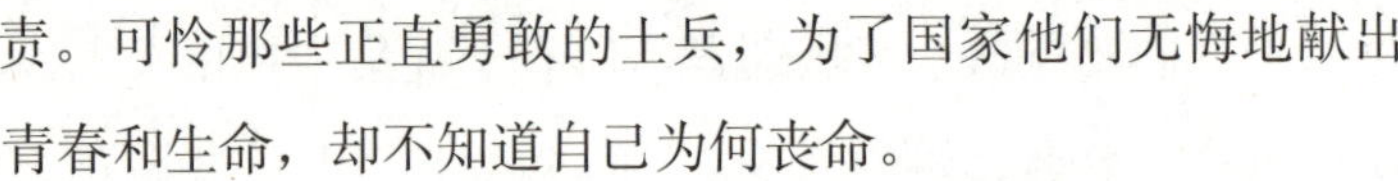

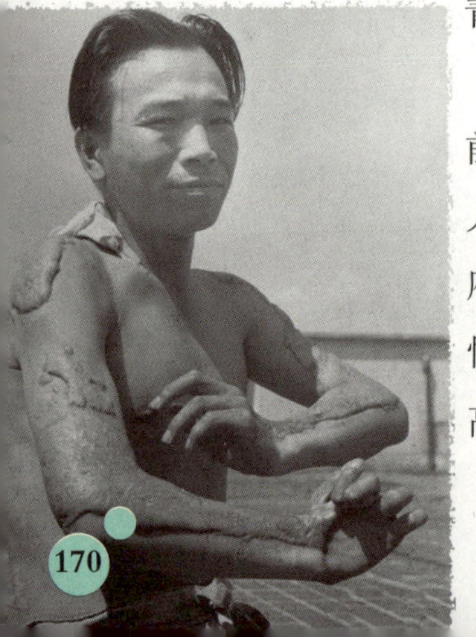

受核辐射的人

高尔舰长去世后，人们在整理他的遗物时发现了他生前的日记，日记中详细地记录了此事的过程。英国曾用活人进行核辐射实验的事件遭到曝光，舆论一片哗然，但政府一直持否认态度。以活人做核辐射实验是令人发指的事情，在报道此事时，有的媒体刊登出这样的标题：应该让高官穿着短裤去做核辐射实验。

Part6 第六章

越南战争中的“核闹剧”

1964 年 8 月 2 日，美国一手制造了“北部湾事件”，越南战争爆发。但是军事和经济占有绝对优势的美国却深陷战争泥潭。

自越南战争爆发以来，美国政府犯下了不可饶恕的战略错误。越南人民的抵抗令美国人非常头疼，原本以为几个月就能结束的战争，却打了十几年，庞大的战争费用让“财大气粗”的美国吃不消了，美国民众的反战情绪高涨，迫于国内和国外的压力，美国政府必须做出正确选择，结束越南战争。

1969 年尼克松当选美国总统，他的竞选口号之一就是以和平的方式结束战争，让美国士兵回家。这是他赢得大选的主要原因，尼克松上台的第一件事就是召开国防部紧急会议，商讨越南战争问题。

“应该把这个包袱丢给越南人，让他们自己解决。”国防部长莱尔德说。

“越南战争已经不是简单的军事问题，如果美国在这件事情中让步或者丢弃越南政权，美国将在国际事务中失去话语权，特别是与苏联的对抗，我们将处于劣势，那时损失的不仅仅是战争。”基辛格用强调的语气说。

“不错，美国必须体面地结束战

美国前总统尼克松

越南战争时期的士兵

争，最好能让苏联出面调解，我们在谈判桌上得到想要的东西后，再停止战争。”尼克松肯定了基辛格的观点。

但如何让苏联人坐到谈判桌前呢？随后尼克松与基辛格制定了一项秘密的行动，除了这两个人，谁也不知道他们准备如何结束越南战争。在1973年，美国在巴黎签订和平协议短短几个月内，一刻也不愿意待在越南的美军全部撤离。在日后公布的历史资料中，历史学家找到了尼克松与基辛格制订的秘密计划，不过这项计划并没有成功，看上去更像是一场闹剧。

当时尼克松认为让苏联人妥协的唯一办法是扩大战争，让苏联担心与美国开战，甚至是第三次世界大战爆发。而让苏联不得不出兵的理由，只能是对越南使用核武器。于是尼克松决定让美国的核力量出现在越南，但他心里非常清楚，越南不是日本，如果真的使用核武器，整个战争的性质都会改变。

尼克松亲自下令，美国在全世界的军事力量处于一级战备状态，理由是可能与苏联发生战争，然后，尼克松安排近百架远程轰炸机（B-52、B-58）安装核弹头，随时待命，飞往越南。美国的几艘重量级核动力航母也离开美国，进入太平洋，在欧洲加强了对民主德国的情报搜索。美国的盟友在没有得到任何情报的情况下，看到美国如此大

知识小链接

越南战争是美国历史上时间最长的一场战争。十几年的时间中，美国在军事上保持优势，但在政治上却处于劣势，国防开支远远超过预期，导致美国经济下滑，最终美国低下高傲的头，宣布撤军不再干涉越南事务。直到80年代，美国才真正走出越南战争的泥潭。

B-52 轰炸机

的阵势，也不明白发生了什么事。难道真的要与苏联发生战争？

这场全球性好戏才开演，尼克松就一改往日温和派作风，在媒体上频频发出“越南战争必须胜利”的言论，加强了驻越美军的进攻强度，如此大动干戈的目的，就是让苏联相信，这次美国要真的对越南使用核武器了。

珍宝岛战役俘获的T-62坦克

不过几个月过去之后，苏联仍然没有任何反应，尼克松不得不另选方法和平解决越南战争。为什么苏联对美国的行动毫无反应呢？难道他们提前知道了尼克松的真实目的吗？

实际上，苏联没时间理会美国，因为当时中国与苏联在珍宝岛发生冲突，在苏联领导人的心目中，中国的威胁要比美国大得多，苏联高层正在想方设法解决珍宝岛冲突，至于美国人自导自演的核闹剧，苏联根本没时间看。

Part6 第六章

轰炸东京

日本偷袭珍珠港，将美国拖入第二次世界大战。半身瘫痪的罗斯福倔强地站立在众议院对日宣战，同时他也下令轰炸东京。

日本有理由进行狂欢，日本从近代明治维新后，一跃成为世界公认的军事强国。如果日俄战争的胜利使日本在亚洲称雄，那么偷袭珍珠港至少能使日本称霸太平洋两年。日本天皇、首相、内阁重臣、军事将领等被胜利冲昏了头脑，日本民间也以各种庆典、狂欢、游行等活动庆祝日本取得的重大胜利。

有些理智的将领看清了事情的本质，像山本五十六就不只一次地向上级谏言：“偷袭珍珠港虽然取得胜利，但美国的实力绝不可小觑，应该小心美国的反击。”但山本五十六的话没起到任何作用，无奈的山本五十六只能将日本的海洋警戒线向前推进几十千米，以防不测。日本天皇曾问军方高层：“美军的飞机可能轰炸日本本土吗？”他得到的答复是：“美国的飞机绝不可能飞抵日本。”

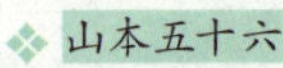
山本五十六

日本的做法让美国无法容忍，罗斯福总统命令美国海军，不惜一切代价轰炸东京，海军上将金担心地向罗斯福说：“总统阁下，恕我直言，我们的远程轰炸飞机的飞行距离无法抵达日本本土。”

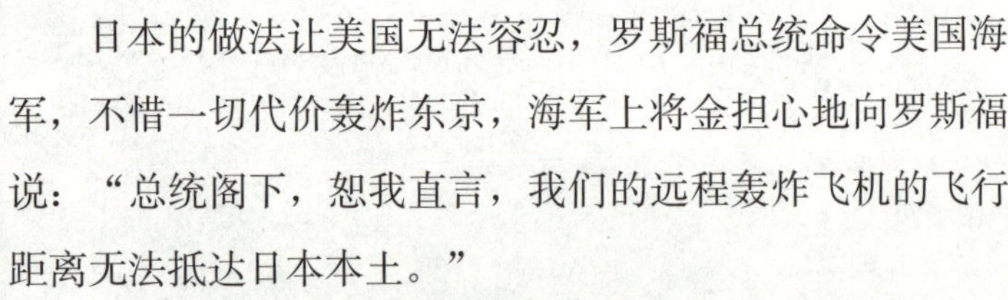

“办法你去想，必须向日本人复仇，否则民心和士气都将受到极大影响。”罗斯福坚定地说。

美国军方高层找到了办法，美国海军以大黄蜂号航空

执行空袭东京任务的B-25轰炸机

母舰为主力，以16架B-25轰炸机组成轰炸中队，杜立特为飞行队中将，轰炸东京的时间定于1942年4月18日，这是历史上最著名的“复仇计划”。对于被侵略的亚洲国家和美国来说，轰炸东京的作用不可小视，如果成功就能够激发各国人民的反日决心，使反法西斯阵线更紧密地团结在一起。

知识小链接

参与轰炸东京的飞机员都是英雄，因为他们心中十分清楚，飞机的燃油量根本无法返回到航空母舰上。轰炸成功后，一架轰炸机在苏联海参崴迫降，其余15架轰炸机在燃油耗尽后，分别在中国的浙江、安徽、江苏等地坠毁，飞行员受到抗日军民的救助。

4月18日早晨8点20左右，16架轰炸机在杜立特的指挥下，全部飞往日本。轰炸机分为两组，分别从东、西两个方向飞往东京，如果不出意外3个小时后他们将在东京会合。在此期间，美国军方费尽心机窥探日本的防空情报，当得知日本的防空力量非常强大时，前去轰炸的机组人员很清楚，他们此去可谓九死一生。

飞行两个小时后，意想不到的事情发生了。杜特立发现另一组的B-25轰炸机迷失方向，由于袭击之前杜立特曾要求飞行员们实施无线电静默，如果此时发报，将暴露目标，甚至会导致任务失败，心急如焚的杜立特只能听天由命。

然而意想不到的事情发生了，迷失的轰炸机在海岸线就发动了攻击，这个举动足以毁灭整个行动。但是轰炸机在轰炸时，他们看到有些日本人在向他们招手，好像在说：“欢迎轰炸。”随后，机组人员意识到飞行方向可能错了，马上改变方向。最后两组轰炸机成功在东京会合。

空袭东京的飞行员

到此为止，日本没做出任何反应，没有防空炮射击，也没有飞机拦截。中午时分，随着杜立特一声令下，B-25 轰炸机将炸弹投向东京。

为什么轰炸东京如此顺利？后来美国人找到了答案，4 月 18 日这一天，日本空军举行了军事演习，日本的飞机飞离本土后，由于天气原因被迫返航，那些向美国轰炸机招手的日本人误以为是日本飞机，再加上日本高层认定美国人不可能派飞机轰炸东京，日本的防空如同虚设。轰炸东京干得非常漂亮，美国人幽默地说：“日本人非常配合我们的行动！是他们帮了我们大忙。”

如今的东京

Part6 第六章

越狱成功后

考地茨城堡是德国著名的中世纪古城堡，二战期间它变成了关押战俘的集中营，城堡内戒备森严，谁关在这里，就相当于进了地狱。

1941 年，法国的几十万军队在不到两个月的时间内，被希特勒的闪电战击溃，在战场上德国俘虏了大量法国士兵，这些士兵被关押进集中营或监狱。皮埃尔中尉在一次战斗中被德军俘虏，他的运气糟糕透顶，德国人把他送到了考地茨城堡。

刚来到这里，皮埃尔中尉就马上体验到了什么是人间地狱。无论是谁，第一次来到这里一定会受到审讯，犯人会被酷刑狠狠地教训一顿，如果能挺过去，才会被送到牢房，如果挺不过去，就直接拖出去扔到野外的“乱尸岗”。皮埃尔和另外七个人被关押在一间阴暗潮湿的牢房。牢房里根本没有床，睡觉时都蜷着身体，如果一伸腿，就会蹬在别人的脸上，每天只有一个小时在室外活动，每天吃一顿饭，肮脏的铁饭盒里飘落着几根菜叶，一个比石头都硬、比拳头还小的面包。如此条件下，有时候犯人还要修军事阵地。有的人患了疾病，有的人被累死或饿死。

集中营

“必须逃出去，否则我也会像他们一样，不明不白地死在这里。”皮埃尔心里想。但逃出去谈何容易，考地茨城堡城墙非常厚，监狱里面三步一岗，五步一哨，每隔三个小时还

知识小链接

集中营是类似监狱的大型关押场所，用于隔离、关押持不同政见者、敌侨，以及属于某一特定种族、宗教或政治信仰团体的成员，是一个与外界隔绝的世界。它与监狱最大的区别在于，集中营中关押的人由于具有某种特定的身份或行为，往往不经过正常公正的法律判决而直接拘留，而且没有确定的拘留期限。

会有人查房。尽管如此，皮埃尔还是下定决心越狱。

皮埃尔听一位狱友说："这里曾经有人越狱，但没有一个人成功，有的人逃出去了，但被德国人抓住又送回来，有的人还没逃出地堡就被卫兵打死，被抓住的人被单独关起来，是死是活没人知道。"还有一位狱友说："这个德国监狱长把地堡改造成最坚固的监狱，监狱长曾说，谁要想从这里跑出去，除非长一副钢牙铁嘴，把城墙咬开。"

皮埃尔心里盘算着如何逃出去，几次想行动，都差点被卫兵发现，皮埃尔也感到越狱几乎比登天还难。几个月后，皮埃尔等到了机会，为了庆祝德国在欧洲取得的重大胜利，监狱举行了重大的庆典，一名负责战俘的纳粹司令官要到监狱视察工作。

整个监狱的德国人都忙碌起来，监狱被破天荒地装扮一新，比圣诞节还要隆重，监狱外的卫兵这天也放松了警惕，他们看到同伴们都在监狱中心观

看节目，不时地朝广场望去，而监狱内的卫兵把所有的监狱门锁好后，也去观看节目了。

皮埃尔抓住机会，在狱友的帮助下，他爬上了城堡偏僻的城墙上，舍命一跳，逃出了“地狱”。皮埃尔心里非常清楚，他这样逃出来，德国人发现后肯定会搜查整个地区，聪明的皮埃尔选择了一处德国人不会去的地方藏起来，那就是德国人放置死去犯人的“乱尸岗”。

皮埃尔忍受着饥饿和恶臭，趴在尸体上两天两夜。当皮埃尔感觉德国人已经放弃搜查时，他才离开“乱尸岗”，逃到了德国边境的一个小镇上，偷了一身衣服和食物。他想步行穿越边境，然后到瑞士的亲戚家里。幸运的皮埃尔还偷到一辆自行车，在逃亡的路上，他无数次碰到德国军人和警察，皮埃尔大胆地和这些人打招呼，没有一个人怀疑他是逃犯。

皮埃尔忍受了常人无法想象的困难，穿越了643千米的边境线，成功逃到瑞士。当他感到安全时，身体已经虚脱了，皮埃尔被送到医院，并与法国流亡政府取得联系。

几天之后，一份包裹邮寄到了皮埃尔的住处，邮寄方竟然是考地茨城堡，打开包裹一看，是皮埃尔在监狱里的用品，皮埃尔身边的人都感到非常奇怪，是谁寄来的包裹？

皮埃尔开始也吃了一惊，不过他马上明白怎么回事。皮埃尔对朋友说：“我在越狱之前，在自己的小皮箱上留下了一张纸条，意思是说，如果我越狱成功，就把我的私人物品邮寄到瑞士这个地址。如果不成功，你们就把我枪毙了。当时我只是无聊，和自己开玩笑，没想到德国人竟然真的把它寄过来了！”朋友听了哈哈大笑。

瑞士

Part6 第六章

惊险的越狱计划

1944年穷途末路的希特勒担心法国地下组织与英、美勾结，交流情报，于是他安排特工精英，实施“雷神行动”。

雷神行动的负责人是胡高布雷，法国地下组织最恨的德国人除了希特勒，恐怕就是他了。胡高布雷在法国的几年时间里，逮捕了大量的爱国人士和潜入法国的盟军间谍，手段极为残忍，老人、妇女和孩子他也不放过。他把杀人当成享乐，除了叛变的人，没有人能活着逃出他的手心。希特勒就是看中他的这些“能力”才让他负责雷神行动。

纳粹德国与希特勒

蚊式轰炸机

雷神行动的主要目标是摧毁法国地下情报网，切断法国抵抗组织与英、美之间的联系，进一步阻止英、美盟军入法作战。希特勒明白时日不多了，他给胡高布雷下达的是死命令，胡高布雷接到命令后，动员了身边所有可以调动的力量，全力搜寻法国地下组织成员，他命令下属："逃掉一个敌人，提头来见。"

亚眠监狱

这样的搜捕方式是残忍的，很多百姓被牵连。一夜之间，整个法国鸡犬不宁，胡高布雷派出去的部队采用地毯式搜查，一个村一个村，一栋楼一栋楼仔细地排查。成百上千的人被关进监狱，胡高布雷要求审讯人员连夜审查。

过了几天，一份名单送到了胡高布雷的眼前，这是已经确认的法国抵抗组织人员名单，胡高布雷连看都不看一眼，傲慢地对下属说："把他们全部关押到亚眠监狱，两天后枪毙。"眼看这些爱国人士性命难保，法国流亡政府官员斯洛来到了英国皇家空军总部，在与卫戈·莱斯沃斯副元帅会晤时，斯洛提出请求："恳求您派出轰炸机，轰炸一座名叫亚眠的监狱。"

“轰炸一座监狱！斯洛先生，我不能浪费英国飞行员的生命，除非这么做是值得的。”副元帅说。

知识小链接

亚眠是法国北部城市，索姆省省会，是世界闻名的大学城。位于索姆河畔，南距巴黎 116 千米。人口 13 万，包括郊区 15.2 万。是 16 世纪以来的法国纺织工业中心，主要生产麻、毛、棉织物。还有钢铁、农机等工业。

“元帅阁下，法国地下组织为你们提供了大量情报，而现在希特勒正派人疯狂地杀害他们，上百名法国地下组织的精英被捕，他们被关在亚眠监狱，马上就要被枪毙，我们的计划是派轰炸机把监狱的墙炸掉，让犯人趁乱逃跑。”斯洛说。

副元帅沉思了好久，他看着斯洛说：“这样的事以前从未听说，用轰炸机轰炸监狱非常危险，先不说飞行员的安全，如果误炸，你们的人不就死在我们手里了吗？”

“的确有风险，可这值得一搏，我们已经没有退路了。只要安排飞行经验丰富的飞行员，我想值得一试。”斯洛说。

卫戈·莱斯沃斯最后同意了斯洛的请求，这批被关押的人曾用生命给英

法国亚眠

国输送情报，不能让他们这样死去。英国皇家空军命令查尔斯·皮卡中尉为指挥官，由他率领 19 架英国蚊式轰炸机执行轰炸监狱的任务。

时间一分一秒地过去，亚眠监狱的屠杀已经开始，一批人犯已经站在监狱的厚墙处，德国人用枪瞄准了他们，突然飞机的轰鸣声响彻了天空，防空警报发出刺耳的声音，瞬间一枚炸弹准确地投掷在监狱的厚墙上，十几架飞机轮番轰炸后离开了亚眠监狱的上空，而监狱内部的德国人乱作一团，犯人们趁着混乱，逃出了魔掌。

胡高布雷得知此事后暴跳如雷，亚眠的军事工事没受到任何破坏，很显然这是专门针对越狱的轰炸行动。希特勒得知此事后非常愤怒，大骂胡高布雷无能，胡高布雷这个杀人狂从此在希特勒面前失去了信任，盟军进攻法国后，胡高布雷在战场被击毙，结束了他罪恶的一生。